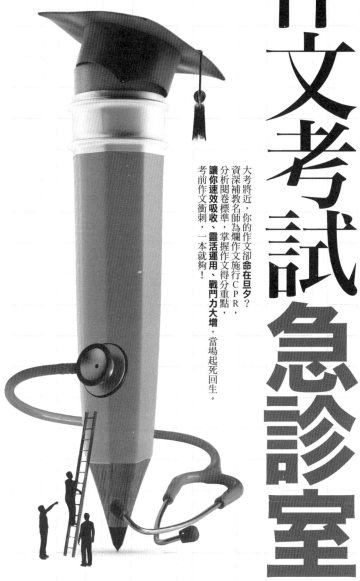

作者序

以逸待勞，有備無患

——全新命題V.S.全心準備

前作《作文高手》一書出版迄今，已經翻印了十數次之多。猶記得新書剛一出版，立刻攻上博客來新書排行榜前三名之列，而且還持續了半年多。後來得知書中歸納出的幾項簡單扼要、易學好記的寫作方向和技巧，讓許多考生在考場上快速找到靈感發想，並且拿到佳績，成了大學入學考試的贏家，這讓本人頗感欣慰，至少沒有誤人子弟！謹向廣大的讀者群和考生們敬致虔忱的敬意與謝意。

因此，為了能夠繼續給考生提供更優質、更具體，也更有效的應考準備方向，筆者結合近年來實際教學經驗，以《作文高手》概念為基礎，配合當前大考中心的命題趨勢，將偏重於理論的內容大幅改寫，撰寫成符合現今考生們實際應考需求的——《作文考試急診室》。

回顧過去這十年，由於教育部修改課綱、更易課程，以及縮減國文授課時數等等措施，我們無法得知教改成果如何？但是二〇一五年台灣學生在「國際學生能力評量計畫」PISA 測驗的七十二個國家、地區中，在「閱讀素養」這個部分，從二〇一二年的第八名大幅跌落至第二十三名，落後於同為亞洲國家的新加坡、香港、日本與南韓，至於大陸上海地區學生則已經拿下了好幾年的榜首。對所有台灣學生和家長而言，可說是極為嚴重的危機與警訊！

近一、兩年，筆者接到許多參加大學學測和指考考生的反映，表示大考中心命題方式日趨靈活多變。再加上大考中心也已宣布，自民國一〇七年度起，大學學測國文非選擇題和選擇題將採分開測驗，同時非選擇題寫作測驗也將全面革新，改為寫作兩篇「半限制式」完整長篇，或是一長篇、一短篇作文的方式命題。

換句話說，就是要採取 PISA 評量的測驗方式，測試考生於閱讀文章後，是否能夠具有統整、分析和解釋，甚至評論和省思的能力。因此，民國一〇七年以後大學學測的國文寫作能力測驗，除了和選擇題分開進行獨立考試之外，對考生影響更大的其實是新型態的「半限制式」寫作方式的變革。

面對全新的學測寫作測驗方式，以往許多專攻修辭技巧的考生們可能心裡要有所準備了，因為在新型考試制度下，遣詞用字的占分比重將大幅降低，取而代之的將會是「邏輯思維」、「組織架構」、「批判辯證」、「分析歸納」和「解決問題的能力」這五項指標。

因此，為了能夠繼續提供考生更優質、更具體也更有效率的應考準備，筆者特別根據教育部和大考中心的變革方向，重新研擬全新的大學學測作文教戰守則：從如何加強考生的思維邏輯訓練著眼，提出簡單易懂的寫作理論和明確易學的實際範例，讓考生可以在最短的時間內掌握練筆方向，奠定紮實的寫作理論和優質的應考技巧，進而能夠在全新變革後的大學學測等考試中斬將搴旗，獨霸鰲頭！

徐清景

CONTENTS

實戰篇

入門篇

第一堂課

紮根閱讀，
堅實作文基礎！

1-1 從好文章中學習寫作的精髓
1-2 抓出好文章的特色

1-1 從好文章中學習寫作的精髓

透過文章的傳達，讓我們可以在最短的時間內汲取他人澆灌多年、辛勤耕耘的所有結晶。

從好文章中吸收智慧

無論是智慧的精進或是學識的突破，一篇好的文章，就像是巨人的肩膀一樣，讓我們可以站在學習的制高點，輕鬆超越無數障礙，跨越重重險阻，在學習的路程上，不須畏懼，沒有徬徨，甚至可以運用前瞻高遠的眼光，將前人浩翰無垠的智慧精華，一一納為己有。

讀好文章強化感情與人格

詩詞騷賦和雋永散文，可以抒發胸臆；書函手札，可以遙寄相思，更可以展現世間至情至愛。經常接觸這些不朽篇章，不需名師調教，不待專人導引，只要浸淫日久，自能相濡以沫，久而自芳，並且內化成個人人格情操的高尚表徵。

閱讀創造個人附加價值

根據一份對全球五百大企業負責人的調查研究發現：一個事業成功人士的必備條件是EQ

而不是ＩＱ。

而一個善於ＥＱ管理的成功者，除了吸收個人專業領域的知識外，也會大量閱讀非專業領域的各種閒書、雜書、勵志書或其他知識性書籍等等。例如臉書（Facebook）執行長馬克・佐克柏（Mark Zuchkerberg）從二〇一五年開始，便許下每兩週讀一本書的承諾，不定期在專頁上分享讀書心得；美國知名脫口秀主持人歐普拉（Oprah Winfrey）不但自己閱讀、推廣讀書，甚至在自己的節目裡成立了讀書俱樂部，有力推廣了許多書籍，提升了閱讀人口。

為什麼這些成功者如此鍾情閱讀、樂於閱讀呢？

一篇好文章、一本好書，未必能告訴管理者如何下達決策，但往往能夠為閱讀者提供啟發和指引，也能提升閱讀者的見識與能力，讓人在思考與下達決策時，避免虛浮，臻於完美周延。

一般國際知名企業在招募人才時，除了重視個人的專業知識外，更嚴格要求應徵者必須具備極高的ＥＱ表現。根據這些國際知名企業的選才經驗，一個平日就喜歡閱讀，也能夠以文章表達個人思想和見解的人，往往都是ＥＱ表現較佳的佼佼者。而且許多學理工出身的成功人士，他們本身往往也是一位文藝愛好者。

好文章就像哈利・波特的魔法一樣，可以讓一個平凡無奇的泛泛之輩，脫胎換骨，在不知不覺中提升能量，加強他的附加價值。更可以提升一個人的品格情操、宏觀視野，讓你在這激烈競爭的競賽叢林裡，比別人更快速地脫穎而出。

1-2 抓出好文章的特色

明確的主題

好文章都具有一個清晰、明確的主題，能夠具體而清楚的將作者的思想傳達到讀者的腦海中，進而讓讀者產生一股強烈感動和激盪，久久不去，並且願意毫不保留地認同它。

好文章往往可以很輕易便抓住讀者的心，並且讓讀者成為它衷心的支持者和擁護者。

合理的邏輯

為了能夠把主題建構得更穩固，好文章通常也都具有一套合理的邏輯論證過程，其中表現在文章思路上的特色是節奏緊湊、層次分明、環環相扣，讓讀者在閱讀時可以一氣呵成，不會拖泥帶水，更不會前後矛盾。

透過邏輯推理，可以輕易帶領讀者進入文章的核心，就像幾何學裡的證明題一樣，經由反覆「因為」和「所以」的驗證過程，讓答案精確無誤的展現出來。因此良好的邏輯推理，就像抽絲剝繭一般，經由縝密細心的規畫設計後，必能開闢出一條理路清晰的大道，讓讀者可以按圖索驥，輕鬆獲得作者給予的答案。

廣泛的取材

好文章必須有血有肉，光有一副結構精緻完美的骨架，無法讓人一窺其中的奧妙與精髓。在文章的鋪陳敘事中，如果沒有豐富的材料加以充實，就如同一桌只有主菜卻沒有副菜的喜宴，表面看似精緻隆重，實際上卻單調乏味，讓人不知如何下箸。

取材豐富的文章，具有強化文章內涵以及加深讀者印象的雙重效果。特別是舉證翔實如明確數據、鮮活的人事物，以及令人醍醐灌頂的經典名句等等，都是增進文章影響力的絕佳致勝武器。不過，想要具備此一能力，必須要有深厚的底子，所謂「台上三分鐘，台下十年功」，正是這個道理。沒有平日大量閱讀、廣泛蒐集的功夫，卻妄想能夠信手拈來，無中生有，豈不是犀牛望月，癡人說夢？

典雅的詞藻

好文章也需要有優美的詞藻來加以修飾，才能展現出它與眾不同、獨樹一格的特色。對一篇好文章來說，優美典雅的遣詞用字，瑰麗濃豔的鋪陳妝扮，斑斕繽紛的雕鑿烘托以及淒美哀怨的蛩音低迴等等，都是優美詞藻的不同展現方式，重點不在於使用哪一種表達方式，而是應該注意到使用時機與分寸拿捏。

所謂「過與不及」，所謂「時機不宜」，所謂「人地不對」等等，都是必須加以避免的。不過，就一篇正統、正式的文章來說，尤其是對參加考試競爭的測驗而言，還是比較建議同學們採取正規、正向的觀點作為修辭發想的依據。

雖然閱卷老師不至於都是迂腐八股的冬烘先生，但是正派、保守，或者說溫、良、恭、儉、讓往往才是他們的代名詞。因此，如何拿捏下筆，想來你的心中應該有所定論了吧！

豐富的情感

情感是好文章的精髓所在。任何文章如果沒有情感這一元素的話，就

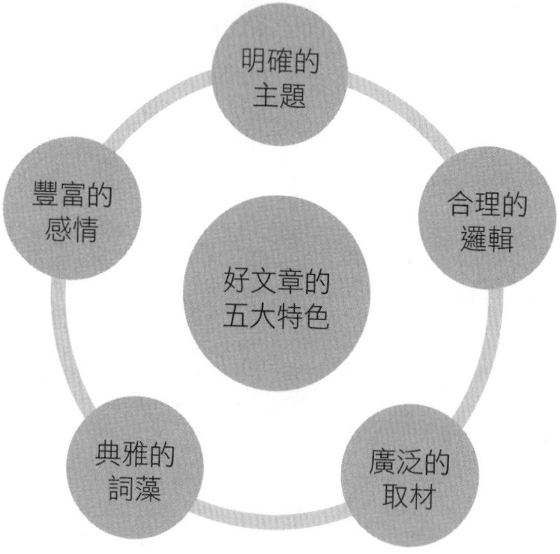

好文章須具備的五大特色

像是一具行屍走肉的軀殼，得不到他人的關注與青睞。但是豐富的情感，並不是指男女之間的兒女私情，雖然對愛情的歌頌，千古以來一直都是文學創作上的主流，但是在考試作文上，這種小情小愛往往會被列為缺乏建設性和難登大雅之堂的作品，不但無法得到高分，甚至連基本分數都無法掌握。

所謂豐富的情感，是指能夠體現人間大愛，展現至情至性和悲天憫人胸懷的高貴情操。雖然看似高不可攀，有點徒唱高調，不自量力。但是別忘了，對人性光明面的追求與頌讚，永遠是人類世界一項無可取代的永恆價值，而且愈是亂世與黑暗，愈能彰顯它無私無我的至真、至善、至美的最高境界。例如：終身在非洲行醫奉獻的史懷哲醫生、把自己奉獻給苦難大眾的德蕾莎修女、立願普渡眾生的證嚴法師等等，都是個中代表。要達到他們的理想也許不容易，但是接受他們的感召，激盪出你我內心深處那份最原始的淳樸童真，這個世界也許就因此而有所提升與進步，這不正是人類活在這世上的最大意義嗎？

奠基篇

第二堂課

寫出滿級分作文的五大絕招

2-1 創意發想．得分關鍵
2-2 邏輯思維．切忌矛盾
2-3 舉證翔實．簡潔有力
2-4 遣詞用字．恰到好處
2-5 入理含情．激起共鳴

2-1 創意發想・得分關鍵

作文沒有標準答案，也沒有所謂的一致看法，更多時候，作文評分就像法官判案一般，往往是經過「自由心證」後，當下所作的一項個人價值判斷。然而，正因為有這麼一個「個人價值判斷」的空間，才有追求個人特殊表現的絕佳機會。否則近十萬名考生，面對同一個作文題目，如果大家都有相似的立場，相同的共識，那麼閱卷老師如何能夠評出不同的分數呢？

為了讓同學們能夠在最短的時間內，習得最有效、最容易獲取高分的作文技巧，彙整了以下五大絕招，只要根據這五項絕招，逐項研究，一一演練，就能掌握如何寫出好文章的祕訣。

當然，平日不斷的練習與累積，將是考場成功的唯一關鍵。

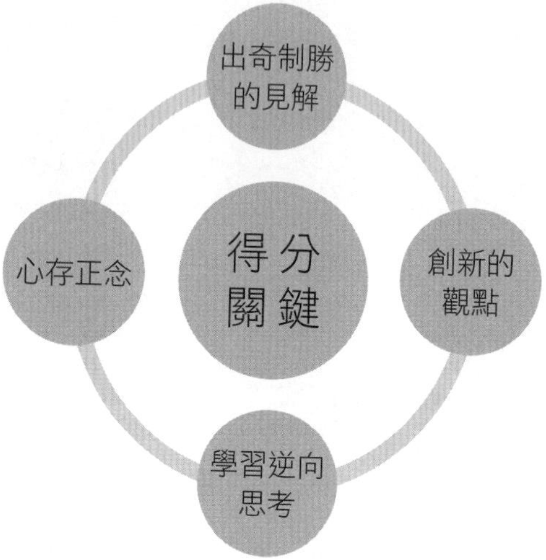

創意作文的得分關鍵

出奇制勝的見解

如果做任何事情，永遠都遵循一個固定的模式，千篇一律，不思變革，別說是看文章了，就算是我們日常生活的食、衣、住、行亦是如此，生活會有多麼無聊！

這就像醫學研究報告一再告訴消費者，每天都要攝取適量的澱粉、奶、肉、蔬菜水果等多樣不同的營養素，如果天天大魚大肉，除了脂肪吸收過多，引發肥胖症之外，身體內部因為其他營養素不均衡，而引起其他相關病症，往往也成了威脅人類生命的重要因素。因此適度的變換口味，從營養學的角度來看，更肩負了人類生存的意涵與重責大任。

寫文章也是如此，尤其是對參加考試的學生來說，費盡心思，搜盡枯腸，為的正是寫出一篇能夠得到閱卷評審老師青睞的作文。那麼，在數萬名考生中，你的文章憑什麼可以吸引閱卷老師的注意？又憑什麼讓閱卷老師在看完你的大作之後，願意毫不遲疑的打下最佳成績呢？根據多數參與閱卷評審老師的說法，其中最有效的技巧就是——出奇制勝。

顧名思義，所謂出奇制勝是指，你的文章一定要有與眾不同的地方，讓閱卷老師能夠在數千份試卷中，一眼就感受到它的特殊、靈秀甚至怪異。套句時髦的說法，就是「讓他們有被電到的感覺」。

如何才能表現出與眾不同呢？當然，投主考官喜好的方法很多，例如：一手娟秀遒勁，工藝細膩的書法筆跡、一篇破題有力，氣勢磅礴的大塊文章、一封感人肺腑，賺人熱淚的真情告白、一紙引經據典，例證俯拾的完美佳構等等，都是極佳手段。但是，真正的出奇制勝，必須要能做到言人所未曾言，言人所未敢言或是不能言。

當然，這並不是要你標新立異，或是故作驚世駭俗之舉，而是要能夠提出有異於流俗的見解，有不同於常人的看法。

特別是考場上，面對有限的考試時間，以及有限篇幅（除了正統的單篇作文外，還包括改寫、縮寫、看圖聯想等小作文形式），其壓力可想而知。正因為時間不足、篇幅有限，想要在作文題上拿到佳績，你的文章立意與題旨，思想見解當然要「異於」一般考生，比別人更「特別」一點。

舉個例子供同學們作參考：如果以「橋」為題目的話，一般同學大概都會從各式各樣實體的橋梁下筆，並以溝通兩岸交通、情感來論述其功能，最後則以連結人心作結。這就是一篇典型的泛泛之論，平常之作的代表。

但是，如果我們以父母子女、兄弟姊妹或同學朋友之間的往來互動為發想起點，透過兩者間驚濤駭浪的衝突過程，雖經各方努力仍然無法化解，最後卻在急轉直下的情況下喜劇收場，或是出人意表的以悲情出走做結。這種拋開一般具象橋梁主題，而改以虛擬的「心橋」為主題的另類寫法，除了打破常人模式外，更以親身體驗或經歷的感人故事做見證，可說是符合了「出奇制勝」的考場祕技要求了。

創新觀點

一篇文章能否展現出作者個人獨特的見解，不但跳脫一般世俗的觀點，而且還充滿著智慧，類似這種發前人所未有，或是造福後人的創見，才是評審老師們關注和在意的焦點。

舉例來說，民國初年發表《孫文學說》的中山先生，讀了古今中外無數的典籍，再加上在國內外奔走革命數十年的旅行經驗，才孕育出他和平、奮鬥、救中國的偉大學說。但今天我們既讀不了那麼多書，又無法走遍世界，要如何才能夠建立起自己的中心思想呢？

而拜科技發展之賜，透過媒體、網際網路，我們隨時隨地可以蒐集到大批需要的資訊，供我們運用。但網路訊息雖然取得快速，錯誤也多，快速取得外在訊息時，更應當注意的是，如何用最簡單、最快速、最完整的方式取得需要的資訊，並將它們正確篩選成可供運用的材料。

◎先篩選，後歸納

一旦資料到手，先別急著囫圇吞棗，照單全收，須經過篩選過濾，將雜亂無用的泛泛之論剔除，再將有內容見地，特別是具有另類看法的篇章，分門別類歸納收整。然後利用時間慢慢加以消化、吸收，並內化為個人思想體系的一部分，如此日積月累，假以時日，必然收到積沙成塔的功效。

◎學習判斷，累積個人思考資料庫

在蒐集資訊的過程中，最重要的是判讀資訊的同時，能夠分辨出相關資訊的真偽，比較其間的優劣或差異，並找出符合自己人生觀和價值觀的資訊加以保留備用。在不斷的反覆辯證及加進新的材料後，成就出一套屬於自己的資料庫，隨時為己所用，最後並成為自己思想來源的重要依據。

當你能夠任意從自己建構的資料庫裡「下載」資料時，你個人的思維體系和價值觀，就已經建置完成了。只要題目出現，腦海中就會立刻浮現出一幅有立論、有組織而且又與眾不同的文章圖樣，帶你走出森林迷霧。

雖然創新觀點和一個人的年齡、經歷有著極大的關聯，但是藉由資訊蒐集快速吸納他人的經驗、知識，然後再內化成自己的生活智慧，正是我們讀書求學的最終目的。就算在考場中把它們拿出來，做為寫作文章的立論依據，既不是抄襲，也不涉仿冒，而是個人智慧累積、成長的表徵，不用擔心會因此而招來智慧財產權的困擾。

因此，大膽的運用現代電腦科技，建立屬於自己思想體系的美麗花園城堡，讓它永遠花團錦簇，欣欣向榮。在培養「創新觀點」的過程中，記得要讓自己成為電腦的主宰，而不是淪為科技的附庸。

逆向思考

在創意發想的過程中，「逆向思考」或是「反向操作」也是常被運用的手法之一。所謂逆向思考，就是從事情的另一面去評估、預判它的發展，然後就可能發展的情形，擬定因應解決之道。逆向思考可說是一項絕佳的祕技，因為一篇成功使用逆向思考方式寫作的文章，基本上就已經符合了「出奇制勝」和「創新觀點」這兩大要件了。只要在文章寫作的過程中，能夠分寸拿捏得宜，不會矯情造作或是走火入魔的以黑為白、以非為是，應該都可以得到閱卷評審老師的青睞。

曾經在一次國家級的公務人員考試中，作文命題為「親情」，當時多數考生都是從正面歌頌親情的偉大起筆，有的考生舉證歷史上的名人如岳母刺字、孟母三遷，以及蔣士銓的〈鳴機夜課圖記〉等加以說明，也有考生就自己的親身經歷加以揮灑，可說是一字一淚，真情感人。但是太多雷同的情節，卻讓評審老師難以評出高分。

其中有位來自南部的考生，他從報紙地方新聞看到的一則新聞切入，描述一位只有國中畢業，從事黑手工作的兒子，如何克服心理障礙，向警方檢舉父親吸毒販毒的故事。這位考生從大義滅親的角度來探討親情的另一種樣貌，不管其文筆是否流暢過人，其詞藻是否雕琢優美，至少在創意發想的特色上，就已經顯得與眾不同了。果然，閱卷老師後來給了他極高的分數。

當然，逆向思考的寫作方式，也有其限制與危險。特別是對部分實力不足，人生經歷體驗多有欠缺的青年學生而言，想為賦新詞強說愁的來個逆向操作，只怕最後落個東施效顰、畫虎不成的悲慘下場。畢竟，文章仍需真情才能打動人心，過度的渲染，只會營造虛偽的假象。絕逃不過有多年批閱文章經驗的閱卷諸公，與其想投機取巧，還不如腳踏實地的穩住基本成績來得實際。

心存正念

雖然創意發想的主軸在出奇制勝、創新觀點及逆向思考這些非主流的面向上，但是，必須特別強調的是，上述所談的「創意發想」，指的是在作文寫作時的主題構思階段。換句話說，在面對一個作文題目的第一時間內，你的思考方向就必須朝向與眾不同的路走，這樣文章才能寫出自己的天地，並且造就和其他考生區隔化、差異化的優勢。

一旦設定好創意發想的主題後，接下來的部分才是作品能否獲得高分的關鍵所在。對許多同學來說，這個得分關鍵，往往也是他們的盲點和致命傷。雖然不同於流俗的創意發想，已經讓自己的文章有了立基。但是，千萬別忘了這僅僅在「發想」的階段而已，緊接著而來的難題是，如何在文章中以完美無缺的邏輯，論證與詮釋在「發想」中創造的概念。

一般而言，採取逆向思考的發想，如果同學功力不足，在其後的文章理路走向上，多數人很容易順勢推移，把整篇文章的脈絡導引向負面模式發展，結果在最後做結論時，為了不背離正面取向的題目，只能以大轉彎的方式，把主題給硬拗回來。然而如此一來，不但犧牲了原先苦心經營的創意發想布局，也會使得整篇文章陷入前後衝突、矛盾的危局中。

因此，為了避免這個盲點和致命傷，當你在設定創意發想階段的時候，心中一定要牢牢把持一個原則：不論文章寫作過程中，運用多麼強烈的逆向思考布局，一定要時時「心存正念」，隨時在文章裡預留正面結局的伏筆。

換句話說，也就是要時時提醒自己，全篇文章的最後仍須以正面意義做結，否則你將掉入自己所設置的陷阱中無法自拔。

例如，前述以逆向角度大義滅親來闡釋「親情」的文章，雖然作者在文章中以舉發父親罪行的行為來作為創意發想，但是在其文章經營布局的寫作過程中，卻時時以自己內心的煎熬與不捨、衝突與天人交戰的畫面，為整篇文章留下了轉折的伏筆。

最後，在結論中再以社會主流意識的思考模式，將其負面行為自然導引到為自己的父親留下一條洗心革面，改過遷善的大道；同時也為社會上遭受毒害的個人或家庭，創造出光明與希望的坦途。

整篇文章從逆向思考的創意發想出發，寫作過程中處處留下「心存正念」的痕跡，結論再回到正向思考的主流價值，這種既衝突又妥協，既對立又和諧的寫作方式，為文章創造了生命力，更帶來了可讀性。值得多花點時間和精力加以揣摩、研究，並且做為學習的典範。

如果能夠練到爐火純青的地步，光是這招祕技，保證讓你增加十年功力，別說參加一般高中、大學考試，就是參加各級國家高普特種考試，也可以輕輕鬆鬆賺得高分。

2-2 邏輯思維．切忌矛盾

所謂邏輯思維，就是指作者表達文章的中心思想，所運用的思路辯證體系。換句話說，也就是指作者在論述一篇文章的主題時，所採用的相關論證方法。

本節所要談的，是如何將想出來的絕妙點子，運用最高明、有效的方法予以鋪陳敘述，讓閱卷諸公能夠在眾多試卷中，一眼就相中它。

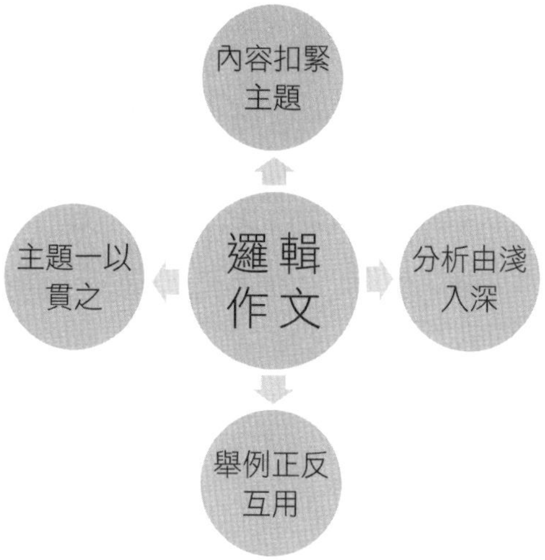

邏輯作文的四大要訣

內容扣緊主題

一篇文章如果具有異於常人的絕佳創意，基本上足以獲得評審老師第一印象的好感，如果它同時還具有明確主題，理路清晰，細密的論證思維，那就更棒了。

因此，在探討一篇文章的邏輯思維時，第一個要注意的重點就是抓住主題，然後緊扣不放。不論你的文章多長，分成多少個段落，都要時時注意，你所使用的每一句話，每一個字，都不可偏離主題。評審老師最不願見到的就是一篇寫得洋洋灑灑的文章，字跡頗為工整、用辭典雅，舉證也多翔實，可就偏偏和主題搭不上邊，讓他們在評審時頭痛萬分。

一般而言，閱卷老師會根據文章中偏離主題的成分多寡，予以相對的扣分。曾經有一位前三志願的高中生，在作文考試時將「虛心」誤寫成「心虛」。雖然他的心虛一文寫得合情入理，令人折服，但是，閱卷老師最後還是不得不狠下心來，給他打了只有兩分的超低同情分數。這是個活生生的例子，一定要引以為鑑，千萬不要重蹈覆轍。

在考試時可說是分秒必爭，不必志向遠大到想完成一篇藏諸名山的大作，只要能將試題的作文題目，給予清楚的論述、闡釋，並且讓閱卷老師在閱讀時頻頻點頭稱是，就已經非常足夠了。

在探討作文的邏輯思維時，不必陳義過高，不必追求複雜，只要根據主題下筆，全篇文章都圍繞在這個主題的周圍，不管是破題、立論、舉證實例或是最後的結論，都不可離開主題太遠，這是考試時保本（維持基本分數）的第一要務，千萬不可掉以輕心。

分析由淺入深

抓住主題之後，接下來要注意如何將這個設定的主題，經由合情合理的論述方式，把它給文字化和意象化。基本上，邏輯思維的一項重要特色是層次性極強。因此，在正確的邏輯推理、運算或辯證過程中，都有一套特定的模式。一旦跳脫此一模式，即可能對往後的結論造成嚴重影響，不可不慎。

在文章的寫作上，根據多數閱卷老師的建議，應該採取由簡到繁、由淺入深的方式，透過層次分明的表達，將文章主題次第鋪陳。特別是對於議論性或說理性較強的文章，更應該把握住這個原則。

至於抒情文和記敘文，也可以採用此一模式寫作，將所敘述的事物或所描繪的情狀，透過時空由近而遠或由遠而近的方式呈現，如此不但可以增加文章的合理性，避免偏離主題，還可以增強文章的懸疑性，讓閱卷老師有繼續往下追索探詢的強烈意願。

雖然在文章的整體布局上，可以採用各種不同的創作模式，但是，就邏輯思維的辯證過程而言，仍建議採取由淺入深的寫作方式為佳。畢竟對一個寫作經驗不是那麼豐富的考生而言，選用較困難、複雜的寫作方式，如果運用不當，極可能會造成眼高手低的下場，更何況在搶分為重的大考壓力之下，如何保住必要的基本分數，仍然是列為第一優先考慮的重點。

採用由淺入深的寫作方式，還可能創造出另一意外的優勢，即是全篇文章的立論導引到主題，而不至於出現偏離主題的狀況。因為在層次分明，秩序合理的邏輯推演下，文章的理路會自然往前推移，彼此前後相扣，聲息相通，塑造環繞主題意識的氛圍，這可說是一石兩鳥、一魚兩吃的好方法。

在由淺入深的邏輯思維實際操作上，可從文章布局開始就加以規畫。例如，可將不同層次的主題思維，依其深淺程度的差異，分別設定到幾個不同的段落裡，讓每個段落都能承接前段的思維餘韻，繼續向下推移，形成一股連續不斷的整體氣氛。

若篇幅所限，則可採取另一種漸進式的寫法，將不同層次的主題思維全部融匯到同一個段落中，這種寫作方式對近年流行的小作文考題頗為適用。雖然上述兩種布局方式各有不同，但是，它所得到的效果卻是一致的，可在考試時根據題目的需求，予以斟酌運用。

例如，一篇以「知識」為主題的文章，我們可以在破題時，立刻以強調知識的重要性做為起筆，接著第二段則以知識對個人立身處世的影響承接，第三段繼續以知識對整個人類社會文明的進步與發展的貢獻，第四段再回頭探討知識學習的方法和獲取的管道，最後再以勉勵世人珍惜知識、保護知識及繼續研發新知做結。

分段	段落主題
第一段	強調知識的重要性
第二段	知識對個人立身處世的影響
第三段	知識對整個人類社會文明進步與發展的貢獻
第四段	探討知識學習的方法和獲取的管道
第五段	勉勵世人珍惜知識、保護知識及繼續研發新知

「由淺入深」分段內容架構

這就是一篇由淺入深的邏輯思考創作模式，

精確的將文章的焦點完全鎖定在知識的範疇裡，層層推演，沒有中斷，更沒有偏離主題。一般而言，此一模式可以讓作者把握住主題，也可以展現作者個人思路清晰、顧慮周詳的特色，如果搭配秀異的文筆，必能成就一篇讓閱卷老師點頭稱讚的好文章。

由淺入深的創作思維模式，可說是文章創作中最基礎的一課，既然屬於基礎，更應該多加練習、體會，盡可能讓自己熟習此模式，直到能夠運用自如為止。千萬別因為太基礎、太簡單了，而忽視它的存在或功效。

舉例正反互用

除了深入淺出這種基礎型的創作思考模式之外，當然也會有進階版模式了，即是屬於殺手級的——正反互用。所謂正反互用，基本上屬於逆向思考的一種形式，不同的是，在上一節創意發想中的逆向思考，指的是一篇文章的表現方式，完完全全從逆向思考去創作；至於正反互用，則僅止於一篇文章中的某一個段落或幾個段落，採用逆向思考的方式去寫作。因此，正反互用中的「反」，在篇幅呈現上，較逆向思考的篇幅來得少，在內容上也比逆向思考的創作來得精簡、有力，這是兩者之間最大的差異之處。

在含義上兩者也有不同之處，逆向思考是從相對的角度，去論證正面事物之所以為正，而正反互用則是用反證的論述，與前述正面的論述作一對照，讓讀者可以在同一篇文章中，很清楚的看到正反不同的兩種觀點，這種正反並陳最大的長處是，讀者能夠輕易的抓住全篇文章的重點，並且分辨出其中的優劣。因此就文章創作的角度而言，正反互用的模式，其論述層次的確要比深入淺出的單向操作方式來得高段、討好。

在實際操作上，正反互用的創作方式，除了在理論建構的要求上相對嚴格外，如何舉證相對應的反證實例，也是要多加留意的地方。因為過多的理論陳述，往往無法讓真理愈辯愈明，而一個簡單的舉例，反而更容易打動讀者的心。

試以上一節由淺入深的例子——「知識」這篇文章來說，如果我們在第三段後面，另加上一段「正反互用」的創作進去，把一個人或社會缺少知識的可怕後果和影響，透過理論和舉例的方式予以表述，如此即可和第二、三段探討知識正面價值的論述作出對照。外加的這一段內容，雖然沒有直接強調知識的價值優勢，卻讓讀者清楚的看到缺乏知識的可怕下場，不只間接的反證知識

分段	段落主題
第一段	強調知識的重要性
第二段	知識對個人立身處世的影響
第三段	知識對整個人類社會文明進步與發展的貢獻 舉例：人或社會缺少知識的可怕後果和影響
第四段	探討知識學習的方法和獲取的管道
第五段	勉勵世人珍惜知識、保護知識及繼續研發新知

「正反互用」分段內容架構

的重要性，更強化了讀者對知識正面價值的認知。

因此，如果由淺入深的邏輯思維創作模式，可以影響八成讀者觀點的話，那麼再加上正反互用陳述方式的創作，必然可以打動九成讀者的心。只要不忘多加練習，相信你的作文創作功力，一定會快速升級而且功力倍增。

主題一以貫之

有關文章創作中的邏輯思維模式，最後要談的就是「一以貫之」，這是就整篇文章來說的。在創作一篇文章時，不管採用的是出奇制勝、逆向思考或者正反互用的模式，千萬別忘了「一篇文章只能傳達一項主題」的鐵律。

在寫作的過程中，必須隨時注意主題的掌握，特別是每一個段落之間的傳承，所舉證的例子都必須要和主題相互對應，讓通篇文章的理路和氣勢維持前後一致，首尾相連。否則一旦中斷，不但造成思路停滯，氣勢消長的現象，也會讓文章顯得支離破碎和有氣無力，這種文章當然不會得到讀者的喜愛，更遑論閱卷老師的青睞呢！

要想維持文章的一貫氣勢，最簡單的方法，就是用「回眸一顧」的祕技。因為，只要你多作了這個動作，保證你下結論時，一定會和第一段破題的部分首尾一貫，前後呼應，至少不會犯下偏離主題的作文大忌。

2-3 舉證翔實・簡潔有力

對一篇文章來說，舉證實例具有強化文章可信度，以及增加其說服力的重要功效。好文章更需要好的例證，透過舉例說明，可以沖淡文章中理論闡述的枯燥與嚴肅氣氛，也可以化解文章中邏輯演繹過程的抽象意境，讓讀者能夠快速獲取文章傳達的理念，並且在心中留下一幅具體而鮮明的圖畫。無論是從展現文章的深度和廣度，或是傳達共識來看，舉證實例在文章創作中都有舉足輕重的地位。

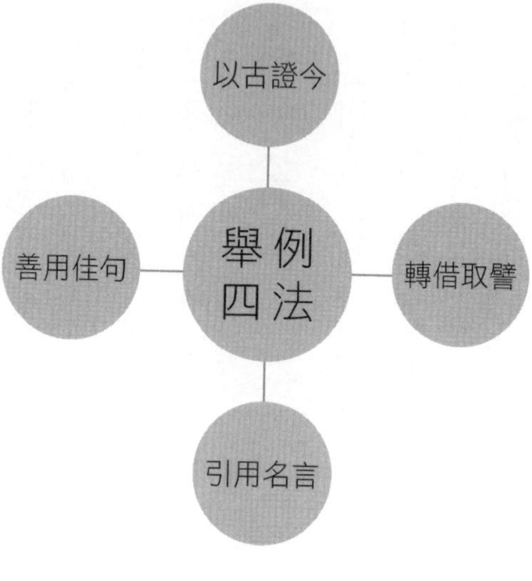

作文舉例四法

以古證今

在舉證實例的作法上，「以古證今」幾乎已成為所有文章創作者手上的一項重型武器。特別是中外歷史上曾經發生過的重大史實、人物事蹟、特殊歷史等等，都成了文章裡不可或缺的要角。

尤其是近年來企業界風行的行銷和經營

管理，只要學術界一有新的理論提出，立刻就會出現一批「以古證今」的歷史實戰叢書，將中國歷代經典或是歷史著作中有關的史實事蹟等，一一加以印證闡述。如《孫子兵法》、《易經》、《貞觀政要》，甚至稗官野史《三國演義》等等，都成了社會上當紅的顯學。

如果仔細閱讀上述這些管理學相關的歷史實戰叢書，會發現其實書中真正闡述作者理念的部分，並沒有占據太多篇幅，反而是在舉證典故和史實的時候，耗費了不少筆墨。從上述這個現象，應該可以體會到舉證實例的重要性了吧！

雖然舉證實例對作文分數有極大影響，但是，在實際操作「以古證今」時，仍然要注意幾個地雷區，千萬不要誤踩。以下就將「以古證今」舉例時，必須注意的幾個要點，請同學們多多留意：

◎不要舉太平常、太普通的例子

試想，如果在文章中舉證一些連幼稚園小朋友都知道的故事，會得到評審老師的認同嗎？例如：孟母三遷、岳母刺字、曾參殺人這類故事，可說是人人耳熟能詳的典故，為避免與他人雷同，能不用就盡量不用，如果實在找不到其他例證，非用不可，在運用時也不必浪費太多篇幅多加解釋，只以成語方式簡單帶過，交代一下即可。

◎不要舉太冷僻，太艱深的例子

和前述相反的是，有部分同學為了表現自己的深度，刻意去找一些屬於專業領域的例子，例如：愛因斯坦的相對論、沙特和齊克果的存在主義、莫內或雷諾瓦的印象派主義等等。如果對這些學說派別沒有深刻的認識與了解，只是蜻蜓點水般輕輕帶過，只怕考倒了閱卷老師，也害死了自己。

說了半天，到底哪一些例子才能舉？以下這些舉例規則可供參考：

◎舉有點熟又不太熟的例子

譬如，在中國歷史上以寡擊眾、以少勝多的戰爭，大多數的同學都會想到田單復國、少康中興這兩大事件。不過，這兩大事件正好犯了前面所述的第一項問題，太平凡、太普通了。如果考試時你也舉這兩大事件為例，那麼得分可能不會太好看！

如果實在想不出還有什麼好例子。那麼，請趕快翻翻歷史課本或筆記小說，找找看西漢開國三傑之一韓信的故事，看看韓信當年如何奉漢高祖劉邦之命，帶領兩萬名烏合之眾，在井陘口河邊以背水一戰打敗了擁有二十萬大軍的趙王歇。另外，韓信又如何利用四面楚歌的心理戰法，瓦解人多勢眾的楚軍心防，大敗項羽的軍隊。

以上兩則以寡擊眾的故事，一般人好像都聽過，可是卻又說不出個所以然來，這就是標準的「有點熟，又不太熟」的例子，在考場上一萬名考生中，會舉此例的可能不到一、兩個。這也符合了「出奇制勝」的創意原則，個中奧妙可多加體會。

◎舉有點深又不太深的例子

在那麼多古聖先哲遺留下來的名山大作中，許多經典著作蘊含無數珍貴的經驗與智慧，都值得我們後世子孫研究學習。不過由於古文艱深晦澀的書寫方式，讓二十一世紀的我們無法以較簡便容易的方式去閱讀，因此造成國人對古文經典興趣缺缺的現象。正因如此，才創造了我們能夠「與眾不同」、「獨樹一格」的空間。

只要稍稍用心，花點心思和時間，一定可以找到許多可在考場上衝鋒陷陣的祕密武器。比方，一些可以從不同角度加以詮釋、加上解讀的典故，尤其值得我們運用。

舉例來說，老一輩人一向喜歡掛在嘴上的「善有善報，惡有惡報」這類因果論，如果我們僅從「種瓜得瓜，種豆得豆」的觀點來談，可能會令閱卷老師覺得平凡，甚至有點膚淺了。但如果能夠再深入一層，將佛經中所說「菩薩畏因，眾人畏果」的教義觀點，做出不同向度的鋪陳，讓原本簡單宿命的果報說法提升為命可由心而改變，這種深層、智慧的人生哲學觀點，相信一定可以得到閱卷老師的認同。

類似上述這些值得引古證今的例子，在中國故有典籍中可謂所在多有，但為什麼同學們無法信手拈來，隨處用之？原因有二，其一是閱讀不夠廣泛。其二是缺乏深入思考。

其實，只要真正用心讀三、五本好書，把書中每個章節的意思全部弄懂，並且融會貫通，再把經典名句全部記憶背誦，深植在腦海中，內化成思想體系的一部分，日後一旦碰到適當的時機或場合，就可以立刻從記憶中提取運用。

此外，知識是相通的，它可以彼此激盪，相互發明。當你已經具備某一項專門、深入的知識時，很容易就可以經由這個途徑，打開另一扇知識寶庫的大門，擦撞出電光石火的耀眼光芒，古人所謂一通百通、舉一反三就是這個道理。

同學們不必羨慕別人懂得比自己多，也不必為自己的淺薄感到自卑，到書店去找一本大家公認的好書，或是選自己有興趣（具一定水準以上）的書，也可請師長推薦一本值得用心精讀的好書，花幾個月時間，把它啃得滾瓜爛熟，別說對日後作文考試會有重大幫助，甚至你個人的一生都會因此而改變。俗話說：「士別三日當刮目相看。」何不自行別他個一年半載（偷偷躲起來練功），讓諸親好友同學對你刮目一番呢！

轉借取譬

除了援引古人的智慧外，我們也可以借用當代的人事物，或自己的親身體驗來做為舉證的例子。畢竟文章的作用，仍在於反映當代現象，並追求未來希望為主要功能。而且舉證當代實例，較能掌握時代脈動，不致於產生與現實脫節的虛幻感，對增進文章的親和力，也會有所裨益。在引用當代人物、事物以及個人自身的經驗為例時，也有兩項必須避免的原則：

◎不要舉太瑣碎、太幼稚的例子

現在的學生由於對生活的體驗除了電視就是電腦（或者電動），實在很難說出什麼發人深省、刻骨銘心的奮鬥經驗。因此，一旦要在作文裡舉證實例時，往往是挖空心思，仍然邁不出家門三尺——不是自己就是家人，不是家人就是同學。

以九十三年大學指考作文題目「偶像」為例，據報載，許多考生舉當紅歌手或藝人為例，但文章內容多是反覆表達對偶像的支持，或寫自己喜歡某一首歌的歌詞、某一部作品的劇情，缺乏更深入的分析和探討，也顯得整篇作文荒腔走板，講不出重點。

想想看，當閱卷老師必須面對數以千計相同的「偶像」，並且被迫欣賞一些無足輕重，卻又幼稚瑣碎的內容，他們能夠打得出高分嗎？

◎不要舉太腥羶、太矯情的例子

在轉借取譬的舉例中，一般都採用「正面舉證」和「反面舉證」兩種方式，可單獨使用，也可交叉應用，端看考試時間是否足夠，以及文章布局是否需要而定。

但是，在採用反面舉證的時候，必須盡量避免使用過於腥羶或矯情的例證，特別是有關對社會現象的描述。

在網路資訊氾濫的今天，各種五花八門、千奇百怪的亂倫怪象，也許對八、九年級生早已司空見慣，但是把它拿到考場上運用，恐怕很難自圓其說，並說服閱卷老師。除非你的功力已經深厚到，可以看破這些怪象背後的社會意義，並且能夠提出一套獨特又合理的說法，否則還是少碰為妙。

至於在適於舉證的事例上，可以從以下兩個方向去思考：

◎舉含有大道理的小故事

在現實生活中，處處都潛藏著發人深省的小故事，尤其是周遭平常的市井小人物，他們發自內心，質樸純真的個人行止，可以利益眾生，帶來溫暖，甚至可以影響整個社會向上提升，邁向光明希望。這種「小人物」、「小故事」，即便是發生在你家隔壁阿伯的身上，也會變成一則有分量、有價值的最佳例證。

因此，轉借取譬實例的好壞，並不在於所舉人物的高知名度與否，也不在於所舉事例的大小與否。最重要的是，例子是否具有社會意義，或具有學習價值。

在文章寫作上，有所謂的「大題小作」和「小題大作」。譬如以「偶像」為題，大題小作就是在眾多的偶像中，挑選出一個認識最深的對象出來；而小題大作就是把他的個人特質，從不同的角度加以擴大、渲染。例如，以周杰倫為例，你可以深入書寫他的成功背後是無止盡的努力，在沒沒無名時，即使只是唱片公司的音樂助理，仍努力創作，把握每一個可能的機會，向大牌歌手毛遂自薦自己的作品，即使被拒絕了也未曾氣餒。而後功成名就，也沒有因此懈怠，工作滿檔的狀況下，仍然持續創作，不曾稍敢鬆懈。

或者你可以更深入去描寫，他是如何大膽揉合各種風格的音樂形式，除了眾所皆知的中國風之外和常見的 R&B 之外，幾乎每張專輯都曾試圖做出不同的音樂挑戰，例如將弦樂伴奏和 Band 混搭融合、在唱腔上採用各種多元性的表現；而與方文山的合作，融合新潮的流行音樂與中式古典的歌詞，創造了聽覺的想像空間，在每一張專輯中，都看得見他不斷超越自我的企圖心……

◎舉會感動人心的例子

千古文章，所為何事？翻開國文教科書，雖然歷代許多論述國家大政或民生大計的讜論宏文，雄辯滔滔、氣勢磅礡，為後人留下可資借鑑的寶貴資產。但是，真正能夠傳諸後世，留駐人心，讓每一個世代的王公貴族和市井小民，都傳誦不墜的篇章，大概只有充滿終極關懷，無私無我的至情至愛，才足以當之。

俗話說「讀諸葛亮的〈出師表〉而不哭者，其人必不忠」、「讀李密的〈陳情表〉而不哭者，其人必不孝」。不管對國家盡忠或對父母盡孝，它的本質仍是人性最原始至情至愛的展現。因此，不會受限於國界藩籬的局限，也不會受囿於物種屬類的異同。無論是對人類同胞的真情，無論是對世間萬物的真愛，只要是真正本乎人性，發自內心，所謂真情無價，真愛不悔，當至情至愛悄悄流露時，這種人性最崇高、最尊貴的光輝，自然也會沁入人心，久久不去。

請回憶一下，第一次看朱自清先生〈背影〉一文後的感想：

那年冬天，祖母死了，父親的差使也交卸了，正是禍不單行的日子，我從北京到徐州，打算跟著父親奔喪回家。到徐州見著父親，看見滿院狼籍的東西，又想起祖母，不禁簌簌地流下眼淚。父親說，「事已如此，不必難過，好在天無絕人之路！」

讀完這段，你是否為作者家中光景慘澹而感懷？

他給我揀定了靠車門的一張椅子；我將他給我做的紫毛大衣鋪好座位。他囑我路上小心，夜裡要警醒些，不要受涼。又囑託茶房好好照應我。我心裡暗笑他的迂；他們只認得錢，託他們直是白託！而且我這樣大年紀的人，難道還不能料理自己嗎？唉，我現在想想，那時真是太聰明了！

讀完這段，你是否不由得因作者父親的老境頹喪而覺得哀傷？但是，真正讓我們陪著作者流下熱淚的，是作者的父親臨行前還為他跨越月台買橘子的那一幕：

我看見他戴著黑布小帽，穿著黑布大馬褂，深青布棉袍，蹣跚地走到鐵道邊，慢慢探身下去，尚不大難。可是他穿過鐵道，要爬上那邊月台，就不容易了。他用兩手攀著上面，兩腳再向上縮；他肥胖的身子向左微傾，顯出努力的樣子。這時我看見他的背影，我的淚很快地流下來了。

我趕緊拭乾了淚，怕他看見，也怕別人看見。我再向外看時，他已抱了朱紅的橘子往回走了。過鐵道時，他先將橘子散放在地上，自己慢慢爬下，再抱起橘子走。到這邊時，我趕緊去攙他。他和我走到車上，將橘子一股腦兒放在我的皮大衣上。於是拍拍衣上泥土，心裡很輕鬆似的，過一會說，「我走了，到那邊來信！」我望著他走出去。他走了幾步，回過頭看見我，說，「進去吧，裡邊沒人。」等他的背影混入來來往往的人裡，再找不著了，我便進來坐下，我的眼淚又來了。

簡單的文字，不事雕鑿，有的只是娓娓道來的真情流露。這正是「有至情會感動人」的最佳事證，你體會到了嗎？

最後，在轉借取譬的操作過程中，除了人與人之間的至情至愛外，別忘了感情是沒有界限的，例如人與社會、人與自然、人與知識，人與世界上任何事物，都是有感情的，如何把這種至情至愛的情懷，透過我們的觀察與關懷，以真誠的筆觸，將它毫無保留的呈現出來，這也是應該學習的一大課題。

引用名言

在文章中引用名言，如果套用商界術語來說，可以說是一種「低成本，高效益」的捷徑。所謂「高效益」，是因為一般可以被稱作名言的，大抵都是出自名人之手，或者是早已名滿天下，舉世所認同的真理。就像數學學科裡的公式或定理一樣，它本身就是一個標準典範，沒有任何人可以向它提出質疑。正因為它具有世人一致公認的公信力，因此，當我們在文章裡使用名人名言時，就如同找到了一位財力雄厚的銀行家作擔保背書一般，沒有人會懷疑你的實力，或質疑你的論點。

至於所謂的「低成本」，那是因為一般人要想創造出一句名言名句，可說是極其不易。如果真有那麼容易的話，不是滿街滿地都是名言名句了嗎？如今，我們只要適時引用一下他人的名言名句，就可以得到他人的掌聲，你說這不是「低成本」嗎？

在人類記載的數千年歷史中，先聖先哲為我們留下了許多值得典藏珍愛的名言名句，一旦我們在文章中援引了它們，立刻就將我們和名人之間的距離拉近了許多，就像我們可以和他們平起平坐似的，他們的所言、所為，都成了我們的代言人或替代者，任憑我們利用。

引用名言名句如果有那麼多好處，在寫作文章時是不是應該多多利用呢？以下列出一些使用的技巧：

◎注意時機與文意

在引用名言時，第一個要考慮的因素就是時機。什麼時候該引用？什麼時候不該引用？基本上並沒有一個放諸四海皆準的答案，端看整篇文章的走勢而定。

比如說，我們可以在文章一開始，即在破題的時候就引用名言，來個石破天驚的下馬威；也可以在撰寫過程中，在文章的各個段落裡置入一些名言；當然也可以在文章總結時，以名言做結。如此看來，似乎沒有地方不可以引用名言？答案當然不是如此！想想看，一篇文章中每個段落都出現名言，甚至連續好幾個名言，你自己不嫌累，閱卷評審老師還以為你在賣弄些什麼呢？

因此，對於名言引用的時機，雖然沒有固定的標準模式可以遵循，但是仍以適度合宜的「自然融入」為原則。換句話說，可以在任何段落導入名言，但是，必須要能和文章的理路氣勢、邏輯思維相契合，絕對不可發生主旨思維相背離的情形，甚至連引用的不順暢、不周延、都要避免。否則，一旦錯置或誤用，很可能就會為文章造成敗筆的悲慘下場。

◎注意真假名言的互用

名言竟然還會有假的嗎？

所謂「真名言」，就是那些知名的人物，或從大作上摘引出來的名言，它的出處有稽可考，文意也是舉世所公認的。例如：孔子的《論語》、莎士比亞的《哈姆雷特》、李白的詩、柳永的詞、唐太宗的君臣對話等等。這些真名言在引用時一定要註明出處，否則會讓閱卷老師認為你不夠用心，沒弄清真相，嚴重一些的還把你當成剽竊他人著作的文化小偷，那就真是斯文掃地了。

至於所謂的「假名言」，大致可細分為兩種：一種是確實出自某位名人或某一本著作之中的名家之言，但是我們把它搞混了，一時記不起來到底在什麼地方見過。雖然心知肚明它百分之百是名言，卻又無法舉證出來，而且自己心中也很清楚，閱卷老師一定知道它的出處。這時如果一定要引用，就千萬別自作聰明，以為可以偷偷夾帶過關，躲過其他人的法眼。還是老老實實地自我招來，用「古人說」、「俗語說」、「西諺有云」這類有點心虛，卻可以四平八穩的說法來自找下台階。

這種招數，雖然有點不光明正大，但是至少比較安全。所謂小心駛得萬年船，正是這個道理。

另外一種假名言是它的作者或出處、名頭沒那麼大。把它揭示出來，也許沒幾個人知曉，不把它昭告天下，也沒人知道你在作假。對於這種假名言的運用，建議你可以大膽的運用。使用時機大致如下：一是當整篇文章中引用名言不多時，你不妨大方的將這些小人物、小作品的出處給標示出來。這樣做一方面可彌補文章中舉證不足的缺陷，一方面則可暗示閱卷老師：「我連這種雜書都看過，多少還算有點程度吧！」因此，大膽將它們展現出來，將會得到正面加分的效果。

另一種是如果你的文章中，已經舉證出許多方面的真名言時，你仍然可以大膽的運用這些名言，且不必刻意去註明出處。不過，為了避免被眼尖的閱卷老師抓到小辮子，建議把這些名言透過改寫的方式，用自己的筆觸，將它自然地融入文章裡頭，經由高明的手術移植，讓它變成自己文章的一部分。不但可以快速提升文章的質感，可以立時提高作者的創作格局，對學習寫作文章者而言，更是快速累積功力的捷徑。

不管怎麼調整運用，能夠在一篇文章中適時、貼切的引用名言，都能加強寫作實力。但是要想能運用自如，絕非一蹴可及，而是要多讀多想，將旁人的智慧內化為己用。多利用課餘時間看幾本書，累積到一定數量後，相信你也可以「創作」、「發明」一番。

善用佳句

在所有舉證實例的操作中，「善用佳句」是一種比較特殊的創作方式。因為它不像前面以古證今、轉借取譬和引用名言等三種表現方式那麼直接具體。雖然佳句當中，也有許多是出自名人、名篇之作。但是，我們會發現有許多佳句是出自一些較不為人知的來源。雖非出自名家之手，卻無損於它在文學領域中的光彩，有些甚至還超越許多真正的名家之作，相形之下絕無遜色。例如法國作家艾威爾．巴森說過：「可以更換襯衣、工作、信仰，更可以更換一個妻子，但是不能更換孩子。」簡單的一句話，卻能道盡父母與子女之間無法割捨、棄離的糾結關係。

在運用佳句的時候，也可以參照上一節引用名言中有關「真假名言」的用法，因為佳句基本上也可以分為真假佳句。對於真正出自名人之手的佳句，當然要誠實註明出處；對於「來歷不明」的佳句，則可用改寫、引申的方式加以表達。不管使用哪一種方式，不違背文章文意，讓佳句自然流暢地融入文章段落中，是善用佳句的不二法門。

2-4 遣詞用字．恰到好處

文章雖然是由個別獨立的單字所堆砌組合而成，但一篇活潑生動的文章，仍需豐富多樣、典雅優美的詞藻。

詞藻優美

優美的詞藻能展現作者個人高明的文字駕馭技巧之外，更讓文章的可讀性大大提高。站在讀者的立場而言，閱讀一篇內容豐富又詞藻優美的好文章，就像在汲取作者思想精華的同時，也享受了一頓色、香、味俱全的滿漢大餐。面對如此尊貴華奢的饗宴，又有誰會忍心拒絕呢？

既然優美的詞藻是好文章必備的條件，那麼優美的詞藻又從何而來呢？以下說明學習創作優美詞藻的兩大關鍵：

◎從別人的文章中去找

中國人常講一句話「天下文章一大抄」，千萬別怕「抄襲」別人的文章。你聽了或許會覺得怎麼可以鼓吹抄襲呢？其實，傳統中那句「天下文章一大抄」的抄，不是剽竊，而是學習。從好文章中學習修辭的技法、有力的舉證、理性而有創見的分析，透過高手的視野，提升自我實力，自然能夠讓你的文章進步。

然而「抄襲」與「學習」之間的差距在哪裡？要如何巧妙的學習，才不致於變成明目張膽的抄襲？答案很簡單，就是要做得「光明正大」，別讓閱卷老師發現你在抄襲！

聽起來似乎令人一頭霧水，即然已經是抄襲了，又怎麼可能躲得過世人千萬隻眼睛的檢驗呢？當然，有一定的技巧。

首先，當你用到別人的創作時，如果想整句引用的話，就請老老實實的把作者和出處都標示出來，尤其是那些大家一看就知道的名言，千萬別以為偷得成。

其次，如果想引用裡面一小部分的內容，請試著用自己的言語去改寫它，自然流暢地把它融入自己的文章中，而且盡量摻入自己的意見、思想，將內容做小幅度的修改，讓它看起來與你的文章結合得恰到好處。如果能改寫到不著痕跡，又能融入自己的想法，就不算是抄襲，而是一種借鑒學習。

◎展現實力自創新詞

同學們讀了十幾年國文下來，若造詣尚佳，鼓勵大家能夠自創新詞。畢竟自創新詞一來不必擔心被「抓包」出糗，二來也可以適度的展現自己的實力。

所謂「自創新詞」，並不是真要無中生有的去發明、去創造。因為知識是靠累積而來的，尤其對正在學習階段的同學們來說，透過摹仿、改寫的方式，用自己的思維筆法，將前人的作品予以消化、改造，這就是一種最佳的創作模式。例如「我或許連百分之一的天分都沒有，但是我卻有百分之九十九的努力付出」，這句話脫胎自大發明家愛迪生的經典名句，你是否看了也覺得很眼熟呢？比起連小學生都會引用的「天才是百分之一的天分，加上百分之九十九的努力」，自創的名句不僅保有說服力，還更具新鮮感，也不流俗套。

軍中有句俗語說：「在戰場上不可回頭，只管踏著別人的鮮血向前衝，最後衝到終點而能存活的，就是真英雄。」創作的路上也是如此，借用他人的戰果，累積自己的戰功，這是天經地義的事。更何況，在追求自我創作的過程中，往往也會逼出一些意想不到，勝出前人的吉光片羽。

總之，優美的詞藻就像「千軍易得，一將難求」般得之不易。但是，誰能夠在學習的階段中挑對目標、走對了路，藉由前人經驗智慧的啟發，澆灌出自己夢中理想的花園，誰就能創造出自己的一片天空。因此，在自創新詞的過程中，也許會碰到無數挫折，也許會遭受重大打擊，但是，在寸步難行的荊棘中，撥開層層迷霧，守得雲開見月明，這種成功才更值得珍惜與祝福。

文句流暢

真正的好文章，不在乎字數多寡，也不在乎咬文嚼字。更重要的是字詞與字詞間、文句與文句間以及段落與段落間，都能輕鬆流暢，有如行雲流水般的平順舒適。這個要求看似容易，可是做起來卻頗有一番難度。

特別是在考試競賽中，為了爭取最佳成績，有誰不是絞盡腦汁，挖空心思？於是無不拚命把最佳構思、最美用詞，一股腦的搬出來使用。結果用心愈多，反而只見累累長篇，不易收尾，想要回顧刪修，卻又難以割捨……於是造就出一篇拼裝車般的「恐龍文章」，內容怪異不說，讀起來更是詰屈聱牙，不易上口。

想要維持文章的流暢易讀，可以從以下兩點加以留意：

◎保持文氣理路的一貫性

這一點在文章構思的階段就必須謹慎行事，例如事先構思全文的每一個段落，各要置入哪些內容或重點，注意它們彼此之間是否能夠相互關連或有所互補？尤其是採取正反互用的方式時寫作時，相對的文意是否會造成前後思維相反，或相互矛盾的情形？如果這些現象都能在文章規畫階段就做好準備，那麼完成時，至少在文氣理路上，不會發生矛盾的現象。

◎注意引證舉例的運用

有關引用名言佳句或舉證實例時，最常碰到的困擾是，由於事前有備而來，可供運用的資料甚多，怕掛一漏萬，只好把各種資料競相堆疊，結果變成重心失衡，尾大不掉，不但沒有增益文章的質感，反而破壞了整體的美感。

另外一種情形正好相反，有時因為所學不足，或是為了考試而勉強背誦一些佳句例證，在參加考試時，不管作文題目是什麼，只管把腦袋中僅存的材料，毫不保留給塞了進去，結果卻造成全文扞格難通的怪現象。

總之，文章最基本的功用，仍在傳達作者個人思想，並且影響讀者的思維模式，從而激起共鳴，引發認同為主。因此，在講求文章雕飾技巧之前，最好先求其平順易讀、簡明易懂。何況閱卷老師必須批改大量試卷，若換作是你批閱考卷，當面對一篇用字生澀，引喻失義又前後不一，連看都看不下去的作文時，還能給它打出高分嗎？

特殊語法

前面分別就優美的詞藻和文句的流暢，說明文章遣詞用字的一些基本技巧。從文章的結構組成來說，具備上述兩項特色的文章，已經算得上是中上之姿了。在此，再作更深一層的探討，從實行寫作的層面來談，如何建構優美的詞藻和強化文章的流暢度。

「特殊語法」指的是一種寫作技巧和方式，它的特殊之處在於，透過臨摹經典文章的方式，讓同學們能夠在最短的時間內有效習得詞藻優美、文句流暢兩大目標。

◎利用「四言」的魅力

上古之際，由於文字尚在啟蒙草創階段，在當時字彙、辭彙有限的情形下，先賢先哲們只能以最精簡、最節約的方式使用文字，這是時代環境的因素，而非人為有意的限制。例如，中國最古老的詩歌總集《詩經》，就是一部以四言詩為主體的集體創作，許多古代文學作品的內容，也都充斥著四言短句的表達方式，至於現存的數萬條四字成語、典故，更是凝鍊文化瑰寶。四言詩經的影響力，貫穿了整個中國歷史而不衰，其後雖有五言、七言（詩）以及長短句（詞）的發展，基本上都是由詩經而來。其中，尤其是對四字成語的發展，更是其他語言文字所難以望其項背的。

民國初年，胡適之先生倡導白話文運動，提出了「八不主義」。其中的「不用典」主張，是要求國人在創作文章時，不要再受古人援引典故的局限。當時的時代環境賦予人們革新的權力，現在我們可以用簡單方便的白話文創作文章、表達理念並和周遭的人往來溝通時，應滿感謝前人的突破與努力。

但在回顧這段改革歷史時，同學們是否發現到一個弔詭的現象？這些當年高舉改革的革命闖將們，也並不是一生下來就使用白話文的。相反的，他們都是生長在清朝末年文言文獨尊的年代。他們並不是因為只懂白話文，不懂文言文，才去革命。事實上，他們每一個人都曾經受過多年的古文教育。像胡適之從三歲開始接受啟蒙教育後，就從四書五經一路讀完十三經，幾乎不曾中斷學習。其他如陳獨秀、顧頡剛、李大釗、羅家倫、魯迅等人也莫不如此。

雖然他們的白話文都寫得極好，但是他們文言文造詣卻更好，因為他們都具有極為深厚的文言文底子。在此介紹這一段歷史，是要告訴大家一個事實——白話文要寫得好，文言文就不能讀得少。

文字是有生命的，如果兩千多年前的作品，依然能讓今天的讀者讀後滿腔烈火或感傷落淚，誰說文言文是死的文字？是無法流通的文字？《詩經．蓼莪篇》寫道：「父兮生我，母兮鞠我。拊我畜我，長我育我。顧我復我，出入腹我。欲報之德，昊天罔極。」兩千多年前的父母，為子女全心全意付出真愛的情狀，至今依然清晰鮮活的呈現在讀者眼前，比諸現代父母心，並沒有因為時空的不同，而有所短少或差異。

再看看《楚辭》卜居中所寫：「吾寧悃悃款款朴以忠乎？將送往勞來斯無窮乎？寧誅鋤草茅以力耕乎？將遊大人以成名乎？」屈原兩千三百年前對政治汙濁的感嘆與無奈，我們直至今日，依然可見歷史再現。這就是文字的力量，即令時代變遷，也無法阻斷。

從中國文學發展歷程來看，四言一直是中國文學運用的主流，也是中國文學具體而微的體現。《詩經》固然都以四言為主，屈原的《楚辭》看似字數較多，可是仔細分析，不難發現扣除連接詞和語助詞後，也都是四言文體。尤其是後世淬煉精華的四字成語，更是一花一世界般的傳達出千百年前的智慧與情感。甚至在賦予時代新意之後，它以另一番嶄新的面貌呈現在世人眼前，如此與時俱進繼續它另一個傳承千載的歷史旅程。

建議同學們在一篇以考試為目的的作文試卷中，多用並且善用四言模式。因為四言模式可以提升文章的質感，也可以展現個人文學造詣的深度，對贏得考場勝利具有極大功效。

◎善用排比加強張力與節奏

排比是文意重複呈現的一種寫作方式，不過，它所呈現的重複現象，並非指相同文字的重複，而是指相同文意、相同概念的重複。排比寫作的重要功效有二：

一是加強文章的氣勢。在一篇文章中，完美的排比運用，可以增加文章整體的節奏感和層次感，讓讀者在閱讀時，產生漸次深入、步步進逼的壓迫性，最後再將讀者帶進一個欲罷不能，無法脫身的境地。這是一種極其高明、引君入甕式的寫作技巧，一旦閱卷老師的情緒被文章的氣勢給吸引住，而有欲罷不能的感覺，要不給高分都很難了。

其次是增加文章的流暢性。除了增強文章的氣勢之外，排比對文章的流暢性也有極大的加分效果。因為排比展現在文字運用上的特色，即是一種一以貫之的形式，它可以讓文章前後一貫，首尾呼應，讀來毫不費力。排比就像魔力一般，可以吸引讀者的注意，想要盡快把文章讀完。在閱讀的過程中，深深被那漸次拉高的節奏感，逼到無法呼吸的地步，卻又令人難以抗拒。

在排比的運用上，屈原堪稱是排比的鼻祖和翹楚，諸如〈漁父篇〉中的「舉世皆濁我獨清，眾人皆醉我獨醒」、「世人皆濁，何不淈其泥而揚其波？眾人皆醉，何不餔其糟而歠其釃」。

此外，文天祥〈正氣歌〉：「或為遼東帽，清操厲冰雪；或為出師表，鬼神泣壯烈；或為渡江楫，慷慨吞胡羯；或為擊賊笏，逆豎頭破裂。」又如孟子〈滕之公篇〉：「富貴不能淫，貧賤不能移，威武不能屈。」都是排比用法的極致，可多多參考運用。

此外，還有一種比較困難的「對偶」，又叫「儷辭」。它的要求必須兩兩相對字數相等，句法相似平仄相對，詞性相類意義相關。由於條件嚴苛，恐非一般學生所能運用。不過，卻可以藉由背誦古典名作來增加自己的功力，再用引證舉例的方式加以運用即可。

有名的對偶例子，如：

曾國藩的〈原才〉：「水流濕，火就燥。」

蘇軾的〈赤壁賦〉：「侶魚蝦而友麋鹿。」

王勃的〈藤王閣序〉：「落霞與孤鶩齊飛，秋水共長天一色。」

白樸的〈沉醉東風漁父詞〉：「雖無刎頸交，卻有忘機友。」

這些都是值得記憶背誦的典範，平日學習古文時，就可以將這些佳句，依性質、內容予以分類蒐集，並隨時拿來背誦復習，讓它們成為日常生活的一部分，久而久之將會發現，這些佳句除了可以供作文考試時參考運用之外，還扮演著如座右銘般的角色，提醒你的立身處事、行為舉止，最後進而改變你的氣質，陶冶你的品格，甚至成為影響你一生的規範準則。

當有一天，你豁然驚覺，原來考試作文只是研讀古文佳句的一項附加價值，它真正的價值是在塑造你的健全人格時，此時你已經把書讀通了！

◎注意音韻的美感

所謂「閱讀」文章就是說，除了要用眼睛去看之外，還要用嘴巴去讀，也就是閱讀時除了

「看到」字形辭意之美外，更可以「聽到」聲調音韻之美。古時幼兒接受啟蒙教育時，都是跟隨教席先生大聲朗誦經典，直到全部背熟為止。儘管不懂書裡深奧難懂的意義，卻能讓他們靜心誦習，其實正是文章的音韻聲調所致。

古代的啟蒙材料諸如《三字經》、《百家姓》、《千家詩》等，莫不是簡單易記的詩歌體，它們最大的共通點就是——都屬於有韻腳的文章，而且都是透過吟唱的方式教學。小朋友或許不懂文章的含義，但讀起來就像唱歌一樣，靠口耳之間的感官記憶，而不是探究義理的深層理解記憶。

中國文字的最大特色是：一字一音、一字一義，所有的破音字或衍申義，都是後人依當時的需要而增加。這種單音節的文字，經過組合之後，其字與字間的平仄，會自然產生一種規律性和協調性。

一篇具有音韻之美的文章，最大的特色是能讓讀者快速上口，而且想要一口氣把它讀完，就像聆聽一首悠揚的交響樂一般，任誰都捨不得中途被打斷。最能展現音韻之美的，當然以詩詞歌賦為主，至於在創作文章時，則可以自然將音韻相對的字、詞融入在文章之中，讓它讀起來更具有和諧之美。以下舉出一些實例供參考：

范仲淹的〈岳陽樓記〉

「銜遠山，吞長江，浩浩湯湯。」

「沙鷗翔集，錦鱗游泳；岸芷汀蘭，郁郁青青。」

荀子的〈勸學篇〉

「無冥冥之志者，無昭昭之明；無惛惛之事者，無赫赫之功。」

「行衢道者不至，事兩君者不容，目不能兩視而明，耳不能兩聽而聰。螣蛇無足而飛，梧鼠五技而窮。」

蘇軾的〈赤壁賦〉

「逝者如斯，而未嘗往也；盈虛者如彼，而卒莫消長也。」

以上這些音韻相對，語調相類的字詞，讀起來如行雲流水，莫可阻攔。同學可利用平日國文課本中所習文章，挑選出自己喜歡的詞句蒐集成篇，平日隨手取出背誦，久而久之，不但增強作文時遣詞用字的能力，國文的程度也會在不知不覺中大為提升。

語文的學習，絕對要靠平日一點一滴、日積月累的漸進吸收，才能精進成長，尤其對研讀好文章這種紮根性的學習，更應該從最基礎的一字一句，去了解全文的含義，經過背誦記憶之後，才能真正深入作者的思維，體會文章背後的真意。

把握此原則，盡量把各種實例從數篇經典名作裡發掘出來。與其漫無目標像無頭蒼蠅一樣到處亂飛，還不如就各位目前課本的內容，好好下番功夫苦讀、精讀。

其實，所謂的精讀，並不是要把課本中的注釋全部一字不漏的背下來，而是先了解作者的時代背景、當時的文風、作者個人的文風，以及撰寫這篇文章的目的為何；然後研讀註釋，將典故、來源當故事般閱讀，毋須死背，只要搞清楚它的來龍去脈，知道它的原始意義，以及日後衍生的新義即可。最好用自己的語言，將它們拿來作為創作的材料，可以造詞、造句，或是創作短文，重點不是在記憶，而是要能活用。

當全篇文章都弄通以後，接下來的功課才是學習語文最重要的關鍵——全文背誦。只有全文背誦，這些好文章才會變成你的個人資產，體會作者的創作本意，欣賞文章真正的美。

文白兼備

雖然我們目前使用的都是白話文，但是中國語文畢竟已經傳承了數千年之久，在經過無數人的輾轉發明後，許多筆法早已約定俗成的留傳下來，成為日常生活中的一部分，並不會因為它是古代使用的文言文，就降低它的影響力，例如：

《論語》：「三人行，必有我師焉。」

韓愈的〈師說〉：「師者，所以傳道、授業，解惑也。」

《大學》：「物有本末，事有終始，知所先後，則近道矣。」

《易經》：「潛龍勿用」、「飛龍在天」、「亢龍有悔」等語。

上述這些經典名句莫不是以文言文的方式呈現，但是，對現代人而言，這些也都是大家經常掛在嘴邊的普通常識。可見智慧哲理的知識，並不受語言表達方式所影響。不管是文言或白話，只要是真正的智慧之語，都不會因時間的流逝而遭到淘汰的命運，經歷時間的洗禮後，反而更見歷久彌新，發人深省。

在文白兼備的實際運用上，仍須注意全篇文章行文語勢的發展，畢竟我們現在是以白話文為主流，如果運用不當，很容易造成文不文、白不白，就文體來講，總是弊多於利，不可不慎。一般而言，一篇文章的優美與否，關鍵因素還是在於遣詞的良窳。至於詞藻文白的雕琢，則可以直接刺激讀者在第一時間的感受，這份感受愈強烈，就表示這篇文章愈成功。因此，一篇文白兼備的文章，可以很自然的將文言模式融入白話文中，換言之，就是將古人精簡洗鍊的文言特色，以及聲調鏗鏘的韻腳形式，帶入現代白話語言的領域，讓我們的文章在論述思維之外，更展現出另一層的藝術美感，這是文章創作的極至，也是最高目標。

文白兼備、駢散並用的寫作方式，並不是指在文章中置入一定比例的文言文；想要創作出類似古文般對仗工整、韻腳相和的千古佳作，那是不切實際的。一般而言，在寫作白話文時，若有引用古文的必要，當然鼓勵大家原典、原文照錄，全部以文言表達。因為這種方式最方便、最有力也最真實，而且還能展現作者個人的博學與才情。這也是為什麼特別強調同學們無論如何，都要把經典課文全篇背誦的原因。

對於實在無法舉出或運用文言模式的同學來說，建議盡可能模仿文言文中的表現方式，讓文章讀起來更順暢容易。舉個簡單的例子：

「與其書空咄咄，虛耗時光，不如捲起衣袖，大幹一場；與其怨天尤人，坐以待斃，不如放下身段，創造利基。」

這就是文白兼備、駢散並用的極佳例子，其中除了「書空咄咄」稍稍具有一些文言氣息，其他每一個字都相當白話。因此，在白話文體中，適度採用四字成語模式，再加上排比、儷辭、韻腳的配合運用，讓它讀起來流暢通順，同時又具音韻之美，但所有遣詞用字都是平日經常使用的話語。可見用對表現方式，就算白話文也可以創造出文言文的精神，其中並沒有多大困難，只是創作習慣尚未養成而已，只要常常練習，自然可以駕輕就熟，水到渠成。

2-5 入理含情．激起共鳴

文章創作的目的在溝通。要想和讀者溝通，首先要能打動人心，要想打動人心，則須握有兩項法寶：其一，要能說出一番道理；其二，要能引起他人的同情。一般而言，論說文重理，記敘文和抒情文重情，不管重理或重情，最重要的是，能夠激起讀者的共鳴。

以理服人

寫作論說文時，經常會遭遇到一個迷思，就是很難把道理說清楚，或甚至講不出道理來。於是明明花了很長的篇幅，卻愈寫愈模糊，甚至連自己都搞不清方向，不知道自己在說什麼，到最後無法收尾。就連大文豪兼史學家司馬遷都曾經感嘆：「事本末未易明也（事情的因果始末是不容易弄得明白的）。」（《報任少卿書》）為什麼會這樣呢？因為同學們的生活經歷、社會體驗都還不足，加上平日只讀教科書，見識狹窄，不夠充足。或許你會覺得，網路資訊發達，即使不出門，也知天下事。但多數同學接觸的網路訊息，主要以娛樂休閒為主，真正主動對社會、人文、科學、藝術等領域有所涉獵的，只怕十不得一。

唐代名相裴度說：「士之致遠，先器識而後文藝。」即是讀書人必須先敞開心胸、襟懷萬里、養成寬宏器度，並且大量閱讀豐富閱歷以開拓識見，有了這些做基礎後，再進一步從事文藝創作，這樣就可以確保寫出來的作品，能夠言之有物，而不是無病呻吟。

那麼應該如何培養這種氣度和胸襟呢？

◎多聽：傾聽他人看法

俗話說「萬事起頭難」，不過與其坐而言，不如起而行。先從小事做起，即先從自己與家人的互動開始，比如你的父母、兄弟姊妹、朋友同學等等，在你和他們的往來互動中，就可以把他們對人生事物、社會現象、公眾人物等所有不同的看法，拿來和自己的看法做比較。當然，最重要的就是，一定要保持客觀、公正與心平氣和的態度，先把自己的偏見丟在一邊，這是最困難的一步，也是最關鍵的一步。因為，如果不能去除個人偏見，你就無法把來自各方的看法，做出客觀的比較和評斷，既然不客觀，當然就會偏離事實，甚至遠離真相。

◎多想：建立個人判斷與價值觀

當你從家人、親友或同學身上獲得各種不同的觀點後，大可不必急著用自己個人的價值判斷，去和別人的觀點做出比較，或是意圖品評高下優劣。而是試著把這些不同來源、不同內容、不同說法的「異見」，做一簡單歸納的分類，比如針對某一項主題，你所蒐集到的回饋訊息中，大致可分為哪幾種主流說法？它們彼此之間，有那些不同與相同？這些不同或相同的地方，其中是否存在某種特殊的意義？盡可能把這些問題的所有答案都一一找出來，不要先入為主，不要心有成見，答案愈多、差異愈大愈好。

把上述所有問題和五花八門的答案都一一列出來之後，第一階段的準備工作才算完成。接下來，將上述蒐集來的各種觀點，拿來和報章雜誌等媒體的評論、報導做第二度的比較分析，看看你自己蒐集到的資訊和媒體觀點之間，是否存有異同？其中的差異又在那裡？這是第二階段的重點工作。

這兩階段的作業，一定要親自完成，不可偷懶。如果只做第一階段的作業，所得到的答案往往會失之偏頗，因為資訊來源不足，而且缺乏專業；如果只做第二階段的作業，等於無條件接受他人的觀點，就像上化學實驗課時偷懶不做，直接把課本上的答案抄下來一樣，既然沒有親身參與實驗進行，對答案當然不會有深刻的印象，這種貪圖方便、盡信書式的讀書方法，已缺乏求真的精神，如何冀求能得到真正內化的知識呢？

經過上面兩個階段的作業訓練後，往後對事物的看法，自然會從各種不同的角度切入，個人的思維系統也會日漸充實豐富，腦海中隨時存有各種多元變化的不同想法。同時，個人獨立思考能力，也會在日積月累的不斷訓練中，慢慢成形滋長。

有了這種獨立思考能力，可以說已經完成了個人最重要的一項訓練課程，以後就可以將視野慢慢擴大。

例如在「我看歪腰郵筒」這個題目底下，在全民共賞兩座被颱風吹彎了的郵筒上，你是否看到整個社會為它們瘋狂不已的原因，以及在風潮背後所隱藏的社會意識？當你可以寫出和其他人不同的道理，還能看法深入，文字言之成理，何愁閱卷老師不會給你滿意的高分呢！

以情懾人

情感有很多種，諸如親情、友情、愛情，小自個人對自己家人、親友、寵物的愛，大到對社會、國家乃至全人類、大自然的愛，都是不同層次的情感的表現。其實，在我們生活周遭，無時無刻在上演著情感的故事，例如一個剛出生的小嬰兒，當他蜷縮在媽媽懷中，接愛媽媽溫馨的哺乳時，正展現了大自然中最真實、最原始、最沒有矯飾的母愛。

又如水災、震災發生時，當大家都陷入一片驚恐慌亂之際，我們卻常從電視畫面上看到來自四面八方的志工，義務協助災民清理破碎的家園，在校園草地上埋鍋造飯，甚至為死難者誦經助唸。那種只問付出，不為自己的大愛精神，不知撫慰了多少可能崩潰的人心！

二〇一六年在里約奧運上，當台灣選手許淑淨以帶傷之身奪下台灣第一面奧運舉重金牌時，不知道多少觀眾在電視機前陪著她流下了感動的眼淚。縱使多數的觀眾根本不認識許淑淨。但是他們為什麼流淚？他們為什麼感動？

舉了那麼多例子，應該可以體會到，真正的情感不是掛在嘴邊、隨口說說的愛，也不是隨處就可以用金錢購買得來的便宜貨。它是一種發自內心，無私無我，可以包容世間萬物，可以蓄積千水百川，讓人產生景仰欽慕的情懷。一旦形諸於文字，它可以真誠感人，而不僅僅是楚楚動人；它可以積極引領世人向善，而不僅僅消極的規勸世人改過遷善。這才叫真情，這才是大愛。

別以為情感和作文考試無關，沒有這些感受，缺少這些情懷，文章終究只是一篇紙上文字，因為它缺少感動，沒有靈魂。當你在考場下筆千言的時候，你的萬里襟懷、至情至愛，將伴隨你的筆尖，化成文字的音符，傳誦到閱卷老師的眼前，令他們感動認同。

實戰篇

第三堂課

大考作文如何評分？

3-1 揭開作文評分的神祕面紗
3-2 作文評分的爭議性

3-1 揭開作文評分的神祕面紗

為了一探作文閱卷評分的究竟，我走訪數十位曾參與歷年學測作文閱卷的教授群後，得知大考中心確有訂定閱卷評審老師須一致遵守的「評分標準」規範。更重要的是，每一位參與作文閱卷的教授們，他們心中所握持的那一把尺，才是最後真正給分判定的標準。

在此把這些實際參與作文閱卷教授們最私密、最真實的給分標準，一一詳列於後。平常同學們在學校上作文課，或是參加任何校內、外各種大小考試的作文測驗時，別忘了先回憶這些評分標準，並且根據這些標準設定好寫作方向，作為下筆立論時的參考指標；甚至在閱讀一般文章的時候，也可拿這些評分標準，為閱讀的文章予以評分。相信經過一段時日的測試和經驗累積之後，一定可以體會個中奧妙，屆時無論是文章重組、改寫、續寫甚至是獨立完成一篇洋洋灑灑、有內容見解，而且情文並茂的好文章，都不是問題了。

字跡工整．文意通順（30%）

一般同學往往犯了一個非常嚴重的錯誤，認為一篇好文章就是以內文取勝，殊不知在閱卷老師眼中，決定一篇作文成績的第一印象，在於字跡工整及卷面乾淨清爽，接下來才是全篇文章是否段落分明、文章通順。只要這兩個標準達到了，那麼至少拿到百分之三十的基本分數。

先談談字跡工整和卷面乾淨的部分，閱卷老師們最在意的，大概不出以下四項：

一、每一個字的一筆一畫都要保持清晰、流暢，不要拖泥帶水，難以辨認。

二、每一個字的大小都能維持一貫和均勻，不能太小像螞蟻成串，也不宜太大超出框格，最好在每一個框格中保留一定的天、地空間。

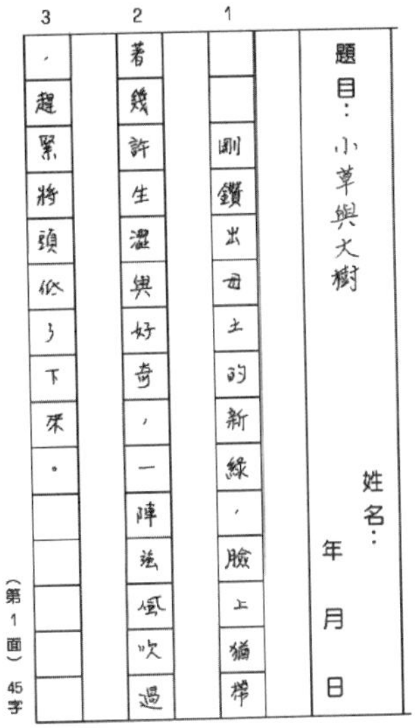
題目：小草與大樹
姓名：
年 月 日
剛鑽出母土的新綠，臉上猶帶
著幾許生澀與好奇，一陣強風吹過
，趕緊將頭低了下來。
（第1面）45字
字體太小，閱讀不易

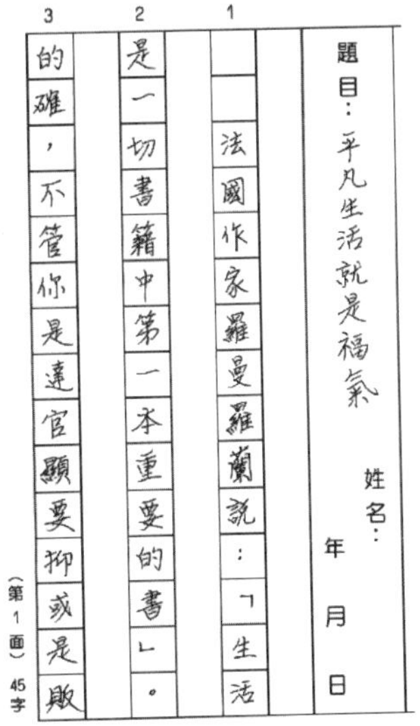
題目：平凡生活就是福氣
姓名：
年 月 日
法國作家羅曼羅蘭說：「生活
是一切書籍中第一本重要的書」。
的確，不管你是達官顯要抑或是販
（第1面）45字
字體適中，賞心悅目

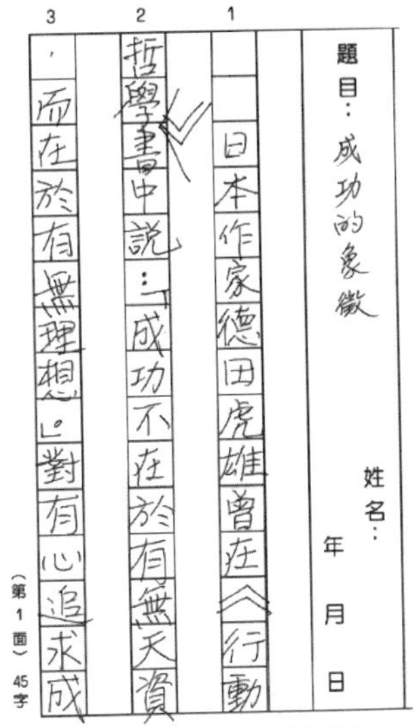
題目：成功的象徵
姓名：
年 月 日
日本作家德田虎雄曾在《行動
哲學》書中說：「成功不在於有無天資
，而在於有無理想，對有心追求成
（第1面）45字
字體太大，缺乏天地

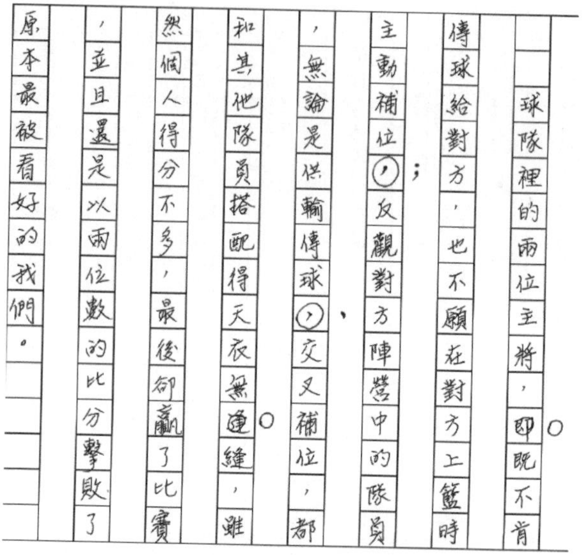

作文塗改方式與標點符號的運用

三、整張試卷一定要保持乾淨，不可弄髒、弄黑。遇有錯別字時可用品質較佳的立可帶，不要用立可白，因為立可白不易風乾，使用不當反而破壞試卷觀瞻。如果沒帶立可帶或時間不夠，仍要工整的把錯別字寫完，再用筆在錯別字上畫個圓圈，輕輕畫就好，只要讓閱卷老師能夠辨認就好。當然，一張考試卷裡，圓圈圈也不可以畫得太多，否則就暴露出自己的弱點了。

四、標點符號的運用要正確，像逗號「，」和分號「；」的用法要非常謹慎，不可錯置。

總之，寫作文首先要把字跡書寫得整齊、乾淨，不一定要把字寫得成熟、漂亮，至少不能龍飛鳳舞或是鬼畫符般，讓人無法辨認或令人讀不下去。否則，你的第一階段基本分數，就很難順利到手了。

其次，再來談談文意通順的部分。當閱卷老師第一眼瀏覽過整張試卷時，只是概略的留下了對全篇文章的字跡、段落以及卷面整潔等初步印象，接下來仔細地將整篇文章閱讀一遍。在這個階段中，只要你的文章段落分明，不偏離主題，而且全篇文意能夠連貫，不會自相矛盾或舉證錯誤，也沒有錯別字，那麼百分之三十的基本分數已經如囊中之物般跑不掉了。

破題有力．氣勢宏偉（5%）

閱卷老師打完基本分數之後，通常會重新給這篇作文做進一步的細部給分。其中，第一個被考慮的項目是「破題」的部分，這也是整篇文章的第一段，也就是所謂的「起頭」或「開頭」。

一般而言，文章第一段破題的部分，文字不宜過度冗長，必須要短小精要、掌握重點，只要能夠正確表達題意即可。通常一篇文章以八百字為原則，太短無法完全表達作者的中心思想和論證邏輯，太長則恐時間不足。如果以八百字的篇幅來估算，一篇文章依照基本架構，可以區分為起、承、轉、合四大部分，其中「起」的部分大概以七十五字左右為佳。

既然「破題」只能限縮在七十五字左右，那麼下筆時必須要求字斟句酌。除了遣詞用字的費心經營外，最好採用大破大立的方式進入主題。例如一針見血式、反詰質問式、名人舉證式或名言佳句式等等，都是很好的破題方式。重點是讓閱卷老師在看第一眼的時候就有被電到的震撼感，並且激起他還想繼續往下看的欲望。做到這點，「破題」就可算是成功了。

如果「破題」部分能夠展現出筆力千鈞的氣勢，並且營造出詮釋主題的氛圍，這篇文章大概可以拿下百分之三十五的分數了。

創意主題．結構嚴謹（30%）

看完破題功力之後，閱卷者們開始把焦點轉移到文章的主題上，從評分的角度來說，創意與結構可說是影響作文成績高低與否的關鍵因素，每一位閱卷的老師們，在這一部分所花費的時間與心思，絕對是最多也最重的。因此，在作文考試下筆前，一定要就文章主題的創意與內涵先有充分深刻的了解，並且構思好表達的方式，切忌在還沒有準備妥善之前就倉促下筆。

既然文章的主題如此重要，那麼要如何發想一篇文章的創意，才不會落於俗套，成為泛泛之論呢？這個問題向來是同學們最大的罩門所在。苦思仍然難以下筆的真正原因，是由於個人相關經歷或實際生活體驗不足的關係。因為，一篇文章之所以讓人信服或者感動，往往不在於它說理性十足，或者是形容詞用得多麼華麗鋪張，反而是個人親身經歷的小故事，即便是娓娓道來、白描直敘，也能夠獲得閱卷者的青睞，甚至為掬一把同情之淚。

除了以情懾人的小故事外，具有創意巧思的主題發想，往往也是閱卷老師們的最愛。所謂的創意，當然就要與眾不同，例如：逆向思考、負面舉證或是時間倒敘等等。在考試下筆前，可以先行思考一番，面對題目時一般人的寫作模式會是如何？

如九十三年指考題目「偶像」，多數同學都是從偉人、名人中去找尋目標人選。如果我們能夠跳脫這類同儕思考模式，改以每天清早上學途中所遇到的馬路清道夫為標的，把他不分雨晴忠於職守，總是笑臉迎人、歡喜知足的心境活生生躍然紙上，用文字表現出來，說不定能夠異軍突起，獲得較佳成績。

當然，在具有特殊性的創意背後，必須要有含情入理的論述加以支撐，才能讓創意發揮功效。例如對於清道夫的敘述，可以從「小螺絲釘的哲學」切入，再循著修身、齊家、治國、平天下的邏輯，導引到心胸舒曠；環境清潔的生活空間，可以培養出人與人之間的信賴感和包容心，進而孕育出一個和諧、寬容以及懂得尊重他人的祥和社會。此種小人物、小故事卻引出大道理的主題，必須多加體會和用心學習。

如果在主題與結構這個部分能夠不落俗套，甚至還有個人特色，與眾不同的話，那麼你的作文基本分數大概可以掌握到百分之六十五了。

舉證翔實．善用佳句（30%）

有力的破題，加上創意十足的主題和嚴謹的結構，可以算是具備好文章的雛形了，接下來要加強的是襯托和補強的部分。就像紅花猶需綠葉來烘托一般，一篇缺少強力證據支持，或是缺乏名言佳句陪襯的文章，如以真、善、美三個層次來區分的話，它僅僅只達到了「真」的境界，善和美有所不足。

為了讓一篇有血有肉的好文章能夠更上層樓，最便捷有效的途徑，就是在文章中舉證強勢例證，如歷史上名人的事蹟或是言論、學術研究的結論報告、媒體或專業機構所做的民意調查結果等等，都是足以說服讀者的絕佳材料。此外，適度引用當代各行各業成功人士的事例，也是絕佳的材料。

引用名人例證，除了可以把文章襯托得更完善之外，還有一個附加價值，就是讓閱卷老師在評審作文時，可以感受到你和其他考生的不同，製造自己與其他考生之間的差異化和獨特性，讓閱卷老師體會到「這個學生比其他人更用心，還閱讀了許多課外讀物」，更可製造出「我比同年齡的其他人更有見地也更成熟」的印象。一旦閱卷老師產生這種「不一樣」的感覺時，自然就會提升你的作文分數了。

從整體評分的標準來看，作文閱卷老師在舉證實例和引用名言佳句的這個部分，大致會給予百分之三十的比例。因此，只要能夠把握住這個方向，大約可以拿到百分之九十五的分數。

結論宏觀．首尾呼應（5%）

作文成績的評定，必定都是採用整體性計算的。之所以會將一篇文章拆解成幾個部分來計分，主要是希望建立一個統一的標準，讓閱卷老師們能夠在相對公平的情況下，評審出公平、合理的成績。

因此，一篇完整的文章，當然必須有結論的部分，否則就像一齣唱作俱佳的戲劇突然中止一般，讓台下觀眾一頭霧水。同樣的，一篇苦心力作、見解獨到的文章，在舉出許多有憑有據的論證後，卻突然中斷沒了下文，即令前面幾段寫得再好，也會令讀者有意猶未盡、虎頭蛇尾的感覺。

因此，面對一篇作文，閱卷老師是為整篇文章打分數。結論的部分，也許不能提高太多得分，但是如果沒有結論或者是結論下得馬虎的話，卻可能令閱卷老師覺得必須大量扣分。所以，結論對一篇文章而言，可能不如破題那般搶眼、重要，但也不宜草率結尾。

為了讓閱卷老師不會因為最後短短的「小結論」而影響到整篇文章的給分，無論如何都要控制好時間，寧願第二、三段少寫一些，也要把這一百個字左右的結尾勉力完成。

要寫好結論，最重要的要訣，就是回頭看看第一段破題的部分。因為破題時已經把整篇文章立論的重點給點出來了，因此作結論時，只要抓住重點，再用宏觀開闊的視野、莊嚴平穩的語氣，為整篇文章畫下周延完整的句點，讓它能夠和破題首尾呼應，那麼這篇文章大概可以算得上是一篇骨架堅實，血脈生氣的好文章了。

從閱卷老師評分的觀點來看，結論的部分大概只能再給百分之五的分數，雖然占比不高，但如果和前面四部分加總起來的話，便可拿下百分之百的作文總分。

3-2 作文評分的爭議性

古人曾說：「場屋（科舉時代考試選士的場所）得失，不過是投主考官所好而已。」可見作文分數的不易拿捏與掌控。不只是今天的學子們感到徬徨無助，就連飽讀詩書的老祖宗們也難免忿忿不平，有氣難消呢！

閱卷老師的批改標準和看法歧異難免

曾有媒體報導，二〇一五年學測時，建國中學有一班學生分散在三個考場應試，寫作成績公布後，其中某兩個考場的學生成績普遍高分，得分和在學校參加模擬考試時的成績相差無幾，但另一個考場的學生，寫作成績卻「都低得有點可怕」。

很明顯的，這是因為不同的閱卷老師批改標準不同而產生的結果。

無獨有偶，今年二〇一七年指考，寫作題有關「國際人才流動」的題目，許多考生從當前台灣「鎖國」現象提出「沒有競爭力」、「亡國論」等等論點，引來一位閱卷老師擔心學生充滿「負面思考文化」的疑慮。結果這名閱卷老師的擔心，最後反而引起了眾多學生與家長對於作文評分公平性的擔心。

雖則當事人事後發文指出，絕沒有「批評考生」，而且保證閱卷絕對會「公平公正」。但如果純粹以對台灣學生充滿負面思考文化的質疑來看，這個保證似乎很難被接受。

不過，這些紛爭和討論也讓大考閱卷的問題檯面化，雖然引發廣大的社會爭議，卻也帶出了大考主辦單位正視問題、解決問題的決心。

理解閱卷流程，放心考試

依照大考中心的規定，作文閱卷評分其實是有一套縝密設計的。目前大考中心的寫作題採用「三等九級」方式評分，三等是A、B、C三等，然後每一等再分為三級，總共九級。

每一份寫作試卷都會交由兩位閱卷老師評分，兩位閱卷老師加總後的平均分數就是學生的實際得分。如果小作文（滿分18分）兩位閱卷老師的評分差距超過5分、命題作文（滿分27分）的評分差距超過9分，大考中心就會再委請第三位老師進行覆閱，以降低評分誤差，維護閱卷的公平性。

此外，如果有某一位閱卷老師的評分結果經常異於他人，大考中心也會將其從閱卷評審名單中剔出，不再延請。

因此同學們不用太過擔心閱卷是否公平的問題。還是回歸到問題的根本，想辦法寫出一篇文情並茂的作品，才是正途！

第四堂課

進入下筆如神的模擬演練

4-1 段落結構定型化
4-2 千古文章下筆難——破題絕招大公開
4-3 滿分作文的訣竅——轉
4-4 創意發想獨特化
4-5 舉證實例生活化
4-6 遣詞造句精緻化
4-7 感動人心至情化
4-8 作文實例寫作示範

4-1 段落結構定型化

考試作文和平日寫作最大的差別有二，一個是時間有限，一個是必須追求高分。除非是天才寫手可以信手拈來，下筆千言，不拘格式，否則老師建議同學們仍然以「起、承、轉、合」的傳統方式寫作，比較不至於失分。畢竟在考場上，任何一分都必須謹慎爭取，不容錯失。

傳統是舊的，如果能夠創新，它就提供了許多可貴經驗。框架是死的，如果懂得活用，它就蘊藏了許多可用資源。懂得從傳統中創造新猷，從框架中找到活路，就能夠在考場勝出。以下就把考試作文的段落結構和內容布局方式說明如後：

確保基本分數的黃金寫作定律

◎起勢（破題）：一針見血，直指核心

破題是文章給閱卷老師的第一印象，它的成敗足以影響整篇文章的成敗，破題的重要性由此可見一斑。「一針見血，直指核心」式的破題，簡明扼要，單刀直入，不賣關子，不繞圈子，直接闡釋題義，進入主題。這種破題方式最大的特色，是避免離題與偏題。

◎承勢（續引）：鋪陳主軸，文章有我

承勢的作用是要接續首段，然後再引出次段，所以它具有承先啟後的重責大任，如果不能扮演好這個角色，很可能會讓整篇文章因此蒙塵，不但浪費了首段破題的成果，還會影響下一段轉勢的演出。

要能夠成功扮演好承先啟後的重任，在這個段落中就必須完成兩大任務。第一、要延續上一段破題的方向，將文章主題順勢鋪陳帶出，以確保寫作主軸沒有偏離。第二、要把寫作的主角——我，帶入文章中，讓閱卷老師知道這篇文章的作者是誰。這一段是拉近作者和閱卷老師兩者關係的最佳時點。

◎轉勢（引例）：舉證實例，感恩體會

轉勢的作用是要給文章製造出驚喜，在原本單一平淡的旋律中，藉由深情感人的故事，引發熱淚，讓閱卷老師進入我們設定好的情境之中。

其次，由於故事的啟發和引導，讓我們力求振作，並且找到全新方向；透過真實情感的表達和呈現，打動閱卷老師的心，也拿下傲人的高分成績。

◎合勢（結論）：高瞻遠矚，呼應破題

合勢是文章的尾巴，也是文章的結論。好不容易苦心經營才寫出前面三段文字，當然要給它一個完美的 ending，才不會前功盡棄！

成功的結論必須具備兩項特質：

第一、要能夠呼應主題：要讓整篇文章保有首尾連貫，一氣呵成的效果，切不可發生脈絡中斷、有頭無尾的現象。

第二、要具有高瞻遠矚，盱衡全局的氣勢：站在文章的制高點上，再一次關照主題、再一次印證主題，讓閱卷老師看到你的泱泱氣度和卓絕識見。

創造高分的必殺秘技：六段式靈活布局

傳統四段式的寫作過於拘束、呆板，只能維持局面，無法克敵攻堅。

面對分分計較的考場競爭，建議同學改採六段式加強版的寫作方式，讓文章立刻鮮活起來，也讓閱卷老師的眼睛為之一亮。

什麼是六段式作文呢？

黃金寫作定律	六段布局	段落內容
起勢	第一段破題	破題引導，進入作文主題
承勢	二、三段鋪陳	承一：文章的第二段，帶出自己過往的故事 承二：文章的第三段，突顯故事中失敗、荒唐、無助、哀傷的情感

轉勢	四、五段引證	轉一：文章的第四段，大膽引證名人的奮鬥過程與成功經驗 轉二：文章的第五段，感性說明自我的改進昇華與感恩體會
合勢	第六段結論	全文結尾

和傳統四段式作文比較起來，六段式文章內容充實、結構嚴謹、氣勢起伏、張力十足，加上字數相對較多，閱卷老師讀起來更能感受考生的用心和努力，給分時當然比較大方。

在我多年的教學經驗中，這六段式的寫作方式，為考生們解決了字數不足的困擾，也收到了極大的成果，務必多加學習與勤練。

但也要注意，六段式的寫作技巧並不是僵硬的框架，而是靈活、可以隨時調整的活棋。其中破題和結論算是固定的節奏，比較容易抓住也較少困擾；但是承一、承二和轉一、轉二這四個段落，同學們就要懂得隨機應變與靈活運用了。

同學們可以依照文章中自己的例子和名人的例子，兩者在舉證時出現的場景需求，或是筆勢、張力的布局，依據考場當時的寫作氛圍，採取自由調整、靈活變動的策略。總之，一切以寫出一篇有內容、有文采，又能打動人心的作品為唯一目標。

千萬不要掉入硬套公式、反而被公式的框架綁死的下場！

有關段落布局的技巧，可參照本書「4-8 作文實例寫作示範」內容。從實際的範例中，很容易就可以領悟出整體文章布局和段落畫分的方法。

4-2 千古文章下筆難——破題絕招大公開

破題原則

一針見血，直指核心，一下筆就要有滿級分的氣勢。

破題技巧

文意內容上：

一、先為題目下定義，再延伸解釋題義。

二、先定義字面意義，再考慮背後意義。

筆法修辭上：

一、排比、類疊加層遞。

二、映襯、對偶加譬喻。

破題實例寫作示範與說明

題目：通關密語（一〇三年學測）

◎實例示範

那是一道關卡，那是一個突破，那也可能是一份希望。那是一道陷阱，那是一個測試，那也可能是一份失落。

◎寫作說明

一、文意內容上，先定義通關密語是一道關卡和陷阱，然後進一步延伸解釋，這道陷阱也可能是一個測試。如果我們真誠面對，努力克服，一旦突破，就會帶來希望；但是如果失敗，那帶給我們的就會是失落了。

二、筆法修辭上，總共運用了排比、類疊和映襯三種修辭。

題目：圓一個夢（一〇三年指考）

◎實例示範

夢可以是一個理想，夢也可以是一個期待，夢更可以是一個創造成功的跳板。夢可能是一個關卡，夢也可能是一個陷阱，夢更可能是一道製造失敗的枷鎖。至於究竟它是一個跳板，抑或一道枷鎖？端看你如何築夢、如何孵夢以及如何圓夢？質言之，只有你自己才是真正築夢、孵夢以及圓夢的掌舵者。

◎寫作說明

一、文意內容上，先定義夢是一個理想和關卡，然後進一步延伸解釋，這個理想和關卡也可能是一個跳板或枷鎖。如果孵夢失敗，就是陷阱，就是枷鎖；一旦美夢成真了，當初的夢想藍圖就成了成功的跳版了。

二、筆法修辭上，總共運用了排比、類疊、映襯和層遞四種修辭。

題目：獨享（一〇四年學測）

◎實例示範

那是一個孤單的時刻，那也是一個收穫的季節；那是一種寂寞的氛圍；那也是一種恬適的感覺；那是一次跳脫舊思維的機會，那也是一次發現新大陸的旅程。

◎寫作說明

一、文意內容上，先定義獨享既是一個孤單的時刻，也是一個收穫的季節。然後進一步延伸解釋，如果你感受到孤單，就會出現寂寞的氛圍；如果你認為是豐收的時刻，也許就會有恬適的感覺。最後再從文字背後的意義下筆，一旦你懂得如何善用獨享時刻，你將可能在獨自思考中靈光乍現，跳脫舊有桎梏，發現全新的美麗花園。

二、筆法修辭上，總共運用了排比、類疊和映襯三種修辭。

題目：審己以度人（一〇四年指考）

◎實例示範

那是一種高貴無私的情操，那也是一種卓越絕倫的智慧；那是一種淑人君子奉為圭臬的標竿，那也是一種奸佞小人永難企及的理想。審己就像當眾承認自己的罪行一般，必須拉下面子，必須敢於承擔，當然不易；度人則似恣意揭穿他人的過犯一般，只要自認有理，只要自恃仗義，當然簡單。

◎寫作說明

一、文意內容上，先定義審己和度人既是一種高貴的情操、卓絕的智慧，也是一種小人無法企及的理想。然後進一步延伸解釋，審己不易、度人簡單的道理。

二、筆法修辭上，總共運用了排比、類疊和映襯三種修辭。

題目：我看歪腰郵筒（一〇五年學測）

◎實例示範

那是一種追逐，那是一種時髦，那也是一種平淡生活之餘的大跟風。

那是一種無助，那是一種療癒，那也是一種狂風暴雨過後的小確幸。

◎寫作說明

一、文意內容上，先定義前往歪腰郵筒打卡是一種追逐時髦的行為，也是一種對生活無力感的自我療癒。然後進一步延伸解釋，這種追逐、療癒不外乎是平淡生活之餘的大跟風，以及狂風暴雨過後的小確幸。

二、筆法修辭上，總共運用了排比、類疊和映襯三種修辭。

題目：舉重若輕（一〇五年指考）

◎實例示範

舉重若輕。那是一種修養，那是一種器識，那也是一種過盡千帆之後的心靈覺照與智慧抉擇。

◎寫作說明

一、文意內容上，先定義舉重若輕是一種修養、器識，然後進一步延伸解釋，它也是一種過盡千帆之後的心靈覺照與智慧抉擇。

二、筆法修辭上，總共運用了排比、類疊兩種修辭。

題目：關於經驗的N種思考（一〇六年學測）

◎實例示範

經驗是歲月的淘洗，是知識的累積，也是智慧的沉澱與勝出；經驗是美好的學習，是歡樂的收割，也可能是慘烈的失敗與教訓。

◎寫作說明

一、文意內容上，先定義經驗與時間、學習之間的關聯性，然後進一步延伸解釋，當時間過往、知識累積之後，經驗雖然可以帶來歡樂收割，卻也可能帶來失敗與教訓。

二、筆法修辭上，總共運用了排比、類疊和映襯三種修辭。

題目：在人際互動中找到自己（一〇六年指考）

◎實例示範

那是一份深情的展現，那是一份熱忱的參與，那也是一份歡喜的回饋。

那是一種無悔的付出，那是一種淚水的沉澱，那也是一種哀傷的印記。

◎寫作說明

一、文意內容上，先定義人際互動過程是一種深情展現和無悔付出，然後進一步延伸解釋，人際互動的結果可以帶來令人驚喜的回饋，也可能帶來讓人哀傷的回憶。

二、筆法修辭上，總共運用了排比、類疊和映襯三種修辭。

4-3 滿分作文的訣竅——轉

起、承、轉、合是黃金寫作定律，轉——是黃金中的鑽石。未經轉折的文章如登草山，可以坐駕，長驅直入，速度雖快，途中風光宛如過眼雲煙，瞬間即逝。經過轉折的文章如登黃山，徒倚雙腳，步步險峻，速度雖緩，山中景致卻似陳年佳釀，漫遊漫賞，歷久彌新。

轉的技巧如下：

1. **闡明自己和文章主題的深切關係——以確立主從**
2. **舉證自己曾經匪類喪志失敗事例——以突顯悲情**
3. **舉證自己親身經歷人生困蹇遭遇——以製造話題**

先轉到自己身上：奠定、鞏固主角身分

◎說明

一、在六段式寫作中，這原本是屬於「承一」和「承二」的部分，換句話說就是整篇文章裡的第二段和第三段。那為什麼又說它是「轉」呢？這是從文意的角度來說的，因為從這一段開始，我們就要將文章從題目拉到自己身上，讓題目和考生確立起主從關係，這也是閱卷老師最在意的評分標準——文章中一定要有「我（考生）」。

二、至於在內容上，則以述說考生自己的失敗事例，或是曾經遭遇的困窘人生為主，基本上都是一些不如意、不光彩的衰事、惡事，目的在於引發閱卷老師的理解和同情。

轉到名人引例：烘托、拉抬主角身價

1. 舉證名人過往努力奮鬥成功事例——以樹立標竿

2. 闡述自己以名人為鏡的學習過程——以博取同情

3. 感恩名人導引拉近與名人的距離——以創造價值

◎說明

一、在六段式寫作中，這個部分就是名符其實的「轉一」和「轉二」了，也就是整篇文章裡的第四段和第五段。從這兩段起，我們要把文章主軸從考生轉到所引證舉例的名人身上。

二、在內容上，「轉一」，就是第四段，本段以名人過往努力奮鬥成功的事例為主軸，透過名人事例建立起值得我們學習的標竿。「轉二」，就是第五段，本段主軸再度拉回到考生身上，透過從名人奮鬥成功事例中得到的啟發，我們找到了學習的目標和方向，並以感恩的筆觸拉近與名人的距離，從中創造出這篇文章異於其他考生的獨特價值。

留下深刻的移情印象

1. **講兩個故事，而且都是真實故事**
2. **建立兩個角色，而且都是悲喜互見**

◎說明

一、創造假象：透過考生自己和引證名人兩個既真實又感人的故事陳述，讓閱卷老師在看完你的文章後，留下了作者（考生）等同名人，或甚至名人就是作者（考生）的假象。

二、贏得高分：因此，當閱卷老師在給考生打分數時，不光只是給作者（考生）打成績，同時也是在給名人打分數。有名人加持，言語有力，自然容易說服閱卷老師，得到滿意的成績了。

4-4 創意發想獨特化

創意是文章的主體，有如大樹的主幹，強幹可以鞏固根本，強幹可以支撐弱枝，沒有強幹就無法長成枝繁葉茂，枝椏扶疏的參天大樹。一篇創意獨領風騷的文章，即令沒有郁郁文采，即令缺乏巧思布局，依然可以從眾多平淡無奇的文章裡脫穎而出，獲得高分，創意在作文考試的重要性可見一斑。考試時如何找出創意？如何營造創意情境呢？

創意的要求：要出奇制勝、與眾不同，甚至唯我獨尊

題目	一般寫法	創意寫法
橋	連接兩岸的鐵橋	溝通親情的心橋
對鏡	看到自己的闕失	經由名人言行反思自我
想飛	個人願望陳述	名人成功事例帶我飛翔

寫作的形式：任意發想、天馬行空，甚至無中生有

題目	一般寫法	創意寫法
回家	回自己生活的家	回心靈的家、民族文化的家
探索	探索自然、知識	探索人性、親情
漂流木的獨白	喟嘆自然生態	觀察社會變遷、人情冷暖

創意和舉證實例可以一分為二，更可以合而為一

可以拿舉證實例來做為創意發想的內容，兩者相互為用，相輔相成，既可提高身價，更可拉高分數。例如：

題目	創意和舉證實例
應變	盧廣仲如何面對百場演唱會？你如何面對人生抉擇？
失去	謝麗香失去婚姻家庭！你失去什麼？
人間愉快	從賈伯斯的生死，你看到了人生的愉快何在？
通關密語	賴和的通關密語V.S.你的通關密語！

創意＋舉證實例＋名言佳句＝滿分作文三大保證

名言佳句又可分為兩種：

第一，舉證實例中所引名人自己所說的「名言」。例如：

賴和：「但願天下無疾病，不愁餓死老醫生。」

謝麗香：「我難道就要這樣過一生嗎？」

盧廣仲：「功課和歌唱兩者我必須同時兼顧。」

第二，各國知名達人所說的「嘉言」。例如：

印度詩人泰戈爾：「生似夏花之絢麗，死似秋葉之靜美。」

德國文學家歌德：「如果工作是一種義務，人生就是地獄。」

葛洪．《抱朴子》：「千天之木，非旬日所長。」

4-5 舉證實例生活化

成功的舉證實例，可以沖淡文章中理論闡述的枯燥乏味與嚴肅氣氛，可以化解文章中邏輯演繹過程的抽象與玄奧意境，讓讀者能夠快速獲取文章傳達的清晰理念，並且在心中留下一幅具體而且鮮明的圖像。

但舉證實例也必須遵守相關規則：

不宜舉證的例子

◎太平常、太普通的例子：

孟母三遷、岳母刺字、田單復國、少康中興、赤壁之戰。

◎太冷僻、太艱深的例子：

存在主義、印象派、後現代主義。

◎太瑣碎、太幼稚的例子：

網路笑料、社會笑談。

◎太腥羶、太矯情的例子：

作奸犯科、強盜殺人，甚至鋃鐺入獄，關進黑牢。

適合舉證的例子

◎有點熟又不太熟的例子：

韓信背水一戰、莊子庖丁解牛、孔子痀僂承蜩的故事。

◎有點深又不太深的例子：

自然界奇觀，如小象會終生記得母親的聲音與氣味、公燕母燕為孵育小燕會合力築巢。

◎可以激勵人心的例子：

吳寶春、阿基師、盧廣仲、蔡依林的奮鬥故事。

◎可以感動人心的例子：

彰化媽祖婆——賴和。

光明使者——戴夫・哈里迪。

建築女傑——謝麗香的故事。

4-6 遣詞造句精緻化

活潑生動、優美典雅的辭藻，有如天使的翅膀，可以展現作者高超的文字駕馭技巧，讓讀者在汲取作者思想精華的同時也享受了一頓色、香、味俱全的文學滿漢大餐。

想要精緻詞藻，可以蒐羅成語，可以改寫文字，更可以自創新詞，只要能展現典雅的意境、優美的句法，或是和諧的音韻的，都是考試作文中值得追求的文采之美，同學們平日就可以多多蒐集，勤加練習。

高階成語聯用法（八字成語的運用）

所謂高階成語指的是文字典雅、意境深遠，以及平日較少接觸，一般學生還不太會使用的成語。這些成語可以藉由國文課本中曾經學習過的，或是透過平日閱讀時，從中發掘、蒐集；只要發現有自己不懂的，或是直覺上就是具有美感的文字，就趕緊上網查明出處、了解意涵和用法，並且把它們記錄在一本專屬小冊子裡。課後餘暇、或搭捷運時，隨時都可以拿出來默念默記。

至於八字成語則是把平常蒐集好的四字成語，挑出其中意思相同，意境相類的成語加以整合，然後根據讀誦時音韻和諧與否，給予重新排列組合，結合兩組成語，創造出專屬於你自己的「高階八字成語」，一旦運用於考場，你將發現它們攻城掠地，強迫取分的強大實力。

以下就列舉一些優質的高階八字成語供同學們參考（其中「＞」是代表優於、勝出的意思）：

◎披沙揀金，爬羅剔抉＞精挑細選，萬中選一。

◎丹陵若水，人文薈萃＞人才濟濟，臥虎藏龍（丹陵：帝堯出生處；若水：帝顓頊出生處）。

◎輕啟戰端，不戢自焚＞好戰成性，自取滅亡（戢：平息）。

◎木秀於林，風必摧之（三國．魏．李康《運命論》）

＞滿招損，謙受益（《易經》）

＞樹大招風

＞越飽滿的稻穗，頭垂得越低（西諺）

◎沸沸揚揚，擾攘不安。

◎治絲益棼，忙中生錯。

◎噬臍莫及，悔不當初。

偶句排比搶分法

這就是善用對偶和排比修辭的技巧，讓文章讀起來像有歌行般的節奏感，輕盈自在，行雲流水，讓閱卷老師都停不下來。例如：

家人與我

有歡笑，有淚水；有關懷，有冷戰；有溫馨擁抱，當然也有怒目相向。

路燈

在城市，通衢要道有路燈，靜謐小巷有路燈，河岸大橋也有路燈；在鄉村，羊腸小徑有路燈，蜿蜒山路有路燈，獨木吊橋也有路燈。

記西門紅樓

那種新思潮，舊建築；新流行，舊相識的衝突與融合，讓人既驚豔，又懷古；既突兀，又溫馨。

層遞效應攻心法

層遞修辭最大的特色就在文字中所產生出來的強大說服力與感染力。一句簡單的話語，透過層遞修辭的裝飾，霎那間就從一隻柔順的綿羊，幻化成一隻震撼莽原的雄獅；此外，層遞修辭還兼具增加文字，拉長文章的額外附加價值，對一些不擅於寫作長篇文章的考生來說，這又是另一項不可多得的優勢了！

請參考以下層遞修辭的完美運用與呈現：

基礎	層遞效應
有人的地方就有衝突	有人就有是非，有是非就有爭執，有爭執就會產生衝突
我們應該學習蜜蜂和螞蟻的勤奮與努力	做不成老鷹的雄姿英發，就學習蜜蜂的機警奔忙吧！學不成蜜蜂的機警奔忙，就做一隻勤勤懇懇的小螞蟻吧！
螞蟻雄兵可以移山填海	螞蟻雄兵可以啃食蟲鳥，螞蟻雄兵可以撼動大樹，螞蟻雄兵更可以移山填海

名言佳句改寫法

名言佳句不論長短，必定都蘊含著無比深遠的意義，值得提供給後世做為針砭和鼓舞的精神資糧。只要有機會讀到或見到，都應該養成習慣，快速將它們記錄、蒐集起來。

有些名言佳句由於過於簡單、常見，或是使用過度氾濫，連小學生的作文裡都經常出現，如果直接把它用到大學學測考試中，不但無法收到引用名言佳句的效果，甚至還可能被閱卷老師誤認為，你的寫作水準還停留在小學生的程度呢。

但是，在考場中由於時間所限，一時之間又想不到更好的佳句，那就把這些耳熟能詳的簡單名言和佳句，利用改寫的方式，把它切割後再置入文章裡，經過一番排列組合，你也能像三星級主廚一樣，變出一盤繽紛多采的文章大菜。

以下就列舉幾個實例供同學們參考。

名句	改寫
牛頓：「我可以看得更遠，是因為我站在巨人的肩膀上。」	一本好書，就像是巨人的肩膀一樣，讓我們可以站在學習的制高點，輕鬆超越無數障礙，跨越重重險阻，在學習的路程上，不須畏懼，沒有徬徨。

高爾基：「喜歡挖別人陰暗面的人，自己也常常失掉光芒。」	一向以正義使者自居的我！在班上總是以找出其他同學的錯誤與缺失為職志，直到學期末了，身邊好友一一離我而去，我才驚覺，當我專注於挖掘班上同學的陰暗面時，我自己身上的光芒似乎也正在一點一滴流失殆盡！
居里夫人：「弱者等待時機，強者創造時機。」	我雖自認不是一個弱者，可是曾經在面對人生抉擇時，我選擇了等待時機，結果當其他自告奮勇、迎向機會的同學成功達陣時，我只能默默地在一旁投以羨慕的眼光，暗自嘆息。

優美詞句借用法

優美詞句散布在我們生活周遭的每一個角落，只是我們未曾查覺，或者是未曾在意而已。書本上的一句話、電視廣播中的一句口白，或是捷運公車上的一段對話，也許充滿智慧，也許語帶激勵，也許讓人嘆息再三；只要他們符合優美的特質，就別忘了隨時把它們給記錄下來，因為，總有一天你會有機會用上它。

例如：

名人名句	借為己用
浮生若夢（李白．〈春夜宴從弟桃花園序〉） 勇於追夢（華德．迪士尼） 寄蜉蝣於天地，渺滄海之一粟。（蘇軾〈赤壁賦〉）	所謂浮生若夢，每個人在其一生中都企盼可以勇於追夢，但是在這個幻化無常的塵世裡，個人的生命就像是「寄蜉蝣於天地，渺滄海之一粟」般的微不足道……
滿地黃花堆積，憔悴損（李清照〈聲聲慢〉） 思念是一把刀，刀刀鋒利（劉辰希〈思念是一把刀〉）	失去的日子，像是滿地堆積的黃色花瓣，只顯憔悴，不見顏色；想從回憶裡找尋一絲思念，它卻像一把刀，刀刀鋒利的把回憶細切成無數碎片。
黃鐘毀棄，瓦釜雷鳴（屈原〈卜居〉） 世界紛亂又虛偽，幸運的是我們在一起（電影〈被遺忘的新娘〉）	在這個物質取代精神的時代裡，整個世界紛亂又虛偽，曾經被視為合理合情的制度，就像宗廟裡被毀棄的黃鐘一般，早已無人記掛；只剩下殘瓦破釜的媒體，依然肆意喧囂。

4-7 感動人心至情化

襟懷萬里的至情大愛，它是一種發自內心，無私無我，可以包容世間萬物，可以蓄積千水百川，可以讓人產生景仰與欽慕的情懷。只有至情大愛才能夠真正打動人心，撼人心弦，引起閱卷老師的共鳴。

提出「創意發想」和「舉證實例」的內容

請看看以下具有人類大愛和奮鬥勇氣的絕佳例證：

◎彰化媽祖婆——賴和

一、台灣新文學之父，彰化出生的台灣本土醫生。一生視病如親，曾留下「但願天下無疾病，不愁餓死老醫生」的至性名言。

二、選擇棄醫從文，透過手寫文宣引領台灣青年抵抗日本政府的高壓統治。雖兩度遭到日本警察逮捕，至死仍不屈服。

◎光明使者——戴夫．哈里迪

一、加拿大籍電機工程師。

二、投入所有身家，舉債度日，終於研發出簡易腳踏車發電設備，為喜馬拉雅山區居民免費提供電燈與發電機，從此山區居民都能享有便宜、方便的照明，惠及無數學子。被當地民眾稱為「光明使者」。

◎建築女傑——謝麗香

一、出身台南鄉下的小女孩。八歲就能夠自己雕刻出簡單的桌椅家具，從小喜歡觀察各式各樣的不同房屋、建築。

二、高職畢業，沒有建築背景，靠著興趣，自己畫設計圖，從溪邊撿拾漂流木開始，一磚一瓦建構出自己心目中的理想王國。現在她蓋的房子，被放在學生課本裡，和西班牙最偉大的建築師高第放在一起，目前有國際級的收藏家以數億資金準備收購她的作品。

文章中一定要有「自己」＋「名人」

★「自己」才是主角，才是文章的中心

★「名人」則是配角，是拉抬「自己（作者）」的陪襯與助力

在考試作文中，命題者幾乎都會有「請以你自己的親身經驗寫作一篇文章」的要求，目的就是要避免考生拿別人的文章來應考。如果整篇文章裡都只有別人的故事和見解，那麼你寫的這篇文章就不符合大考中心的要求，閱卷老師甚至可以用「偏離主題」為由給出不及格的分數。

因此，在寫作考試作文時，千萬記住，考生自己才是主角，名人舉例只是用來拉抬、襯托考生

的助力而已。

你所想的、你所寫的，你自己相信嗎？

★作姦犯科、強盜殺人，甚至鋃鐺入獄，關進黑牢，是真的嗎？

★阿公過世，阿媽過世……你能寫出真情美感嗎？

★感情豐富的文章最能打動人心！但，必須是真感情！

有些考生為了寫出打動人心的文章，刻意舉出曾經作奸犯科的惡行惡狀，冀望博取閱卷老師的同情，結果因為不是自己的親身經歷，文字裡透露出的不但不是感動人心的情懷，反而是讓人覺得做作、矯情，甚至噁心的情境，成了畫虎不成反類犬的大輸家。

下筆前請同學們務必先行自問，你所寫出來的故事和內容，你自己會相信嗎？如果連你自己都覺得看起來不踏實、不靠譜，心裡頭毛毛的，那麼你還敢拿來呼嚨閱卷老師嗎？

你騙得過閱歷豐富、見多識廣的閱卷者嗎？

★不真實也要很真誠

★掰故事也要很誠懇

閱卷老師來自全國各大學院校，閱歷豐富不在話下，同學們心裡能想像得到的考試花招，可能他們學生時代早就親身經歷過了。

與其意圖測試他們的認知底線，想要藉機蒙混過關，還不如靜下心來，利用考前時間較為寬裕的空檔，好好準備幾個親切、自然，可信度又高的自身例證，將它們記錄留存，以備考場所需。

當然，就算是自己虛擬杜撰的故事，也要充滿了真摯的情感，讓閱卷老師感受到你的誠懇和真心，願意不假思索地給你評出高分。

寫出普世價值

★國家民族＞個人小我

★人間大愛＞兒女私情

★自然環保＞物欲之愛

在各種選美競賽中，進入最後十強的佳麗們通常都會被問到一個問題：如果妳當選今年的世界小姐，妳有什麼願望？

幾乎千篇一律的回答都是：但願世界和平！

為什麼答案總是相同的呢？因為，「世界和平」代表著普世價值。

同樣的，在作文考試中，能夠襟懷萬里、跨越國界藩籬、超越個人小我和物欲之愛的情感，才能夠得到閱卷老師的認同和青睞。因為，從這篇文章裡他們看到了你的不同流俗，看到了你的雍容氣度，更看到了你的真心誠意！

4-8 作文實例寫作示範

題目：我看歪腰郵筒（一〇五年學測）

那是一種追逐，那是一種時髦，那也是一種平淡生活之餘的大跟風。那是一種無助，那是一種療癒，那也是一種狂風暴雨過後的小確幸。

歪腰郵筒忽地裡被網民哄炒得沸沸揚揚，甚且還登上了外國媒體版面，讓台灣這個蕞爾小島再次躍上國際舞台。此一看似突兀的流行風潮，其實正是台灣社會長期處於經濟低迷、政治擾攘、民生多舛之際的一道適時出現的「洩洪口」；我們只需以平常心看待它，毋須褒貶，毋需過慮，更毋須加以撻伐。因為，浪潮過後，萬千泡沫終將靜默無聲地消失在廣袤的沙灘上。

國中時，班上同學迷上了周杰倫略帶饒舌式的唱腔，大夥們人手一台MP3，不僅下課時聽，就連上課也不放過。為了勝出其他同學，我找出美國最著名的饒舌歌手阿姆的作品，日以繼夜的跟唱、背誦，不但學會了十幾首代表作，還經常在班上小露身手。升上高中後，自己籌組社團，甚至成了許多學校競相邀請表演的夯團。

高一下學期結束，接到英文、數學兩科不及格的噩耗，那晚我沒上餐桌，一個人躲在房間裡聽阿姆的歌。父親進了房竟然笑著對我說：「哇！聽英文演講啊？我可是一句都聽不懂呢！」當下我面紅耳赤沒答腔，因為我雖然可以將阿姆的歌詞倒背如流，可是對內容卻從未深究過。當晚，我把學過的阿姆的所有歌詞全都抄進筆記本裡，標出生字，再逐一翻查辭典，將解釋、用法和例句都一字一句抄錄下來，利用課餘時間背誦、記憶，同時也把這種研讀方式用在英文課本上。半年後，學校的各種大小英文考試，再沒有低於九十分過。

現在，除了可以將歌詞精準地介紹給父親外，對這位史上最偉大的饒舌歌手馬修．布魯斯也能了如指掌，也對他幼年跟隨母親四處流浪的艱辛過往有所認知。阿姆前後一共拿下了十五座葛萊美獎，更在第七十七屆奧斯卡中奪下最佳電影歌曲金像獎；然而在得獎光環的背後，他卻告訴所有歌迷：「實現我的音樂夢想，是擺脫痛苦生活的唯一出路。」這句話深深地感動、鼓舞了我。

感謝當年陪我一起瘋饒舌歌曲的同窗好友們，讓我沒有迷失在狹小的電玩螢幕世界裡；感謝阿姆，為我點亮了一盞學習生涯中的明燈。在我的認知裡，追逐風潮不一定就是壞事，只要找對了方向，用對了方法，流行也可以創造出一片浩浩藍天。就像美國詩人愛默生說的：「別順著路走，朝沒有人的地方去開出步道來。」這次短暫掠過的歪腰郵筒風潮，不也為許多有眼光、有想法的業者帶來無窮商機嗎？

題目：舉重若輕（一〇五年指考）

舉重若輕。那是一種修養，那是一種器識，那也是一種過盡千帆之後的心靈覺照與智慧抉擇。

「不要在意觀眾，不要顧慮評審，只要拿出平常的表現就好了！」去年參加全縣演講比賽時，老師臨場叮囑的話語依然清晰地回盪耳畔，我的思緒再度澎湃洶湧……。高一暑假時，被國文老師推薦為國語文競賽儲訓人選之一，頓時成了班上的風雲人物；原以為國小以來就是演講常勝軍的自己，一定可以駕輕就熟成為學校代表。不想經過半年培訓，只換得了「音色極佳，內容平淡」的評語，而且還是三位儲訓人選中的最後一名。

心情慘澹的我，不敢面對老師和同學，成天躲在圖書館裡，望著一排排書架上的書籍發呆。直到有天不經意拿起國文老師介紹過的《賴和全集》時，才從這位台灣本土醫生的身上找到新生的力量。這位活人無數的「彰化媽祖婆」，當他面對各種抗日異議時，他沒有指責武力的蠻勇，他也沒有竊笑抗爭者的無知，而是決定回到家鄉廈門，重新學習國內新興的白話文學，然後帶回台灣再擎起巨椽之筆，透過文字的力量，一筆一畫，取代一槍一砲，甚至勝過千軍萬馬。即令日後賴和仍難逃日本政府的逮捕、迫害，甚至因此失去寶貴生命，後人仍不忘以印度大詩人泰戈爾的名句「生似夏花之絢麗，死似秋葉之靜美」來歌頌他、讚美他。

於是，我重新審視自己的不足，衷心面對過往的失敗，並且學習賴和面對間關危難之際舉重若輕以及「恃吾有以待之」的精神，主動請教老師和其他培訓選手，甚至參加校外的演辯社團，接納他們的修正建議，大量閱讀書報文章增益新知聞見，並將所學資訊分門別類予以建檔，以供隨時查閱；班上同學更協助我蒐集中外名言佳句，製成卡片，隨時幫我抽考複習。短短半年，我打敗高三學長拿下學校代表的頭銜，更獲得全縣冠軍的榮譽。

為了救助貧苦大眾，賴和可以無償施藥，甚至說出「但願天下無疾病，不愁餓死老醫生」的至性名言；為了學習白話文，賴和可以放棄優渥的醫生收入，回到故鄉從頭來過；為了引領台灣青年抵抗異族統治，賴和可以從容下獄，甚至犧牲性命。原來賴和這種種舉重若輕的偉岸情懷背後，是因為他早就已經準備好了——在他心中早就已經埋下了一顆堅定的、恢復民族尊嚴的種子。

「各位評審委員、各位參賽選手，今天我要演講的題目是……」面對台下的評審和觀眾，我已不再畏懼，也不再徬徨，就像賴和一般，我也能夠如此舉重若輕地直視他們、看待他們。因為，我也已經準備好了！

題目：關於經驗的N種思考（一〇六年學測）

經驗是歲月的淘洗，是知識的累積，也是智慧的沉澱與勝出；經驗是美好的學習，是歡樂的收割，也可能是慘烈的失敗與教訓。

台灣新文學之父——賴和，一個被鄉民暱稱為「彰化媽祖婆」的台灣本土醫生，當他面對個人和國家民族的感情時，曾經兩度做出了迥異於常人的選擇：第一次是他選擇「棄醫從文」，第二次則是他選擇「棄文言文改學白話文」。賴和這兩次改變人生目標的經驗，目的都是為了要喚醒台灣青年，團結起來抵抗日本殖民政府的高壓統治。這位曾經寫下「但願天下無疾病，不愁餓死老醫生」至性名言的抗日英雄，雖然日後難逃日本警察的逮捕，甚至犧牲了寶貴的性命，但是後人仍不忘以印度大詩人泰戈爾的名句——生是夏花之絢麗，死似秋葉之靜美——來歌頌他，讚美他！

從賴和兩度改變人生目標，並且用自己的生命去詮釋理想的經驗裡，我們看到了人性光輝的偉岸情操，也看到了一位成就大我而不懼死亡的勇者。

曾經在自己單純的學生生涯中，也遭遇過類似改變抉擇的經驗。一向喜歡寫作的我，自國小起就是作文競賽的常勝軍，高一時就已經打敗了二、三年級學長，拿下全校冠軍，後來代表學校參賽，也獲得了全縣第二名的佳績。升上高二時，自認作文比賽已缺乏挑戰性，眼見演講比賽沒人敢報名，於是自動請纓代表學校出賽，雖然國文老師透過班導師要我重新斟酌，但我認為演講不過就是背誦文章而已，對我而言簡直是牛刀小試，易如反掌。

到了比賽當天，從抽完題目坐上準備席開始，腦袋就呈現一片空白，面對台下黑壓壓的人頭，評審老師利劍般的眼神似乎早已看穿了我內心的恐懼。直到今天，我都還搞不清楚當時自己是怎麼走下講台的？

大發明家愛迪生在找到鎢絲前，已經經歷過一千多次材料測試的失敗，經驗告訴他，必須不斷改變才能創造機會；艾美獎入圍設計師蕭青陽，一個人在台東山上蹲了三個多月，才拍攝到滿意的日出畫面，經驗告訴他，機會只能等待而無法創造。成功的經驗未必可以複製，失敗的經驗也可以帶來成功，在經驗的世界裡，似乎找不到必然與永恆。然而，這正是經驗寶貴的地方。

題目：在人際互動中找到自己（一〇六年指考）

那是一份深情的展現，那是一份熱忱的參與，那也是一份歡喜的回饋。

那是一種無悔的付出，那是一種淚水的沉澱，那也是一種哀傷的印記。

曾經為了配合好友的要求，在高一社團選填時我放棄了最喜歡的電影欣賞社，改選熱舞社；當時並未考量自己豐腴微胖的身材，眼裡只有三名姊妹死黨百般祈求的哀憐神情。只是滿腔士為知己者死的熱情，卻在日後的各種舞步演練中，被一一消彌殆盡。每當自己舞步沒跟上節拍、走位錯誤，甚至連側臉角度不足，都被隊友們視為害群之馬。在我最難堪無助的時刻，三位姊妹死黨不但沒為我解圍，還附和其他隊友的說辭，讓我一度認為自己真的是個累贅。

高一下國文課上到賴和的《一桿秤子》時，老師播放影片介紹這位台灣新文學之父，在一片闃暗的教室裡，我感到一股孤獨的自在，忘卻了訕笑，忘卻了同儕，一個人浸淫在彰化媽祖婆溫馨的懷抱裡，剎那間我終於體會到賴和棄醫從文的苦心孤詣。他視病如親，撫慰貧困，在和鄉親的交流互動中，獲得大眾愛戴與擁護，可是竟留下了「但願天下無疾病，不愁餓死老醫生」的至性名言。原來在他心中還有一個更高遠的理想，他告訴自己：聽筒只能救治少數病患，筆桿卻可以救度整個國家民族。

於是賴和回到廈門老家，重新學習白話文，擎起巨椽之筆，引領台灣青年投入抵抗日本異族的統治，喚醒台灣同胞丟失已久的民族情懷，即令日後遭到日本警察兩度逮捕，甚至因此犧牲了寶貴的性命，後人仍不忘以印度詩人泰戈爾的名句「生似夏花之絢麗，死似秋葉之靜美」來歌頌他。

升上高二後，我毅然加入社員不多的電影欣賞社，揮別姊妹死黨，失去閨蜜談心訴苦的溫床，換得的是可以自由翱翔的天空，俗話說：「方以類聚，物以群分。」每當和社員們一起窩居視聽教室，共同為魏德盛導演的〈賽德克．巴萊〉流下熱淚、為齊柏林攝製的〈發現台灣〉哀怨嘆息，或是為了郭書瑤的〈志氣〉而振臂歡呼時，我似乎才真正找到了自己，不再迷惘，不再徘徊。感謝賴和，也感謝三位姊妹死黨，讓我在人際互動的過程中找到了自己，同時也得到了成長，或許有些迂迴，有些坎坷，卻是值回票價。記得托爾斯泰在《戰爭與和平》書中曾經說過：「人際關係是一種資本，若要它長久，就必須節用。」願和所有年輕夥伴們共勉！

第五堂課

抓住方向，走出小作文迷宮

5-1 何謂小作文

小作文，顧名思義就是有別於制式長篇命題作文的寫作測驗方式。

從民國八十四年起，大學學測考試在寫作測驗上開始嘗試各種不同的命題方式，例如文章擴寫、閱讀寫作、短文寫作、文章賞析、簡答、圖表判讀、文章改寫、資料判讀、描寫與聯想、判讀、語文修正、白話語譯、議論評述等等十數種之多。

大約到了民國一百年後，又逐漸趨向以文章解讀、文章分析和文章評論三種形式為主的命題。

之所以稱它們為「小作文」，是因為這些新形式的寫作測驗，幾乎都刻意將字數限制在三百字以內，有許多甚至只要求寫作一百五十個字。

不論是採取哪一種命題方式，大考中心想要跳脫傳統作文命題窠臼的用意至為明顯。教育部原本計畫，擬於民國一〇七年大學學測改考兩篇長篇新型作文，經學校老師反映時間不足，可能無法測出學生實力，於是考慮仍採一篇長篇、一篇短篇的方式命題。因此，短篇小作文的命題趨勢不但不會就此消失，甚至還可能成為日後大考中心命題的常態，同學們仍不可掉以輕心。

小作文的字數雖然短少許多，可是在寫作手法上並沒有太大的改變，除了減少鋪陳或論述的篇幅外，反而更要講究緊扣題旨、結構嚴謹、文字優美和就事論事的寫作要領。以下就將歷年來小作文的考題予以整裡、歸納，並詳述解題技巧，同學們多多研讀，一旦融會貫通，必能輕鬆掌握其中奧妙。

5-2 判讀

所謂判讀，就是先閱讀一篇文章，然後就文章中的某一部分內容加以判斷、分析。其目的是在測驗同學是否能夠深入了解文章所述內容，就是想知道：你究竟看懂了多少？

在這類型測驗中，會給同學一篇大約四、五百字的短文，文中會故意提供許多資訊，然後設訂題目，要同學在這許多資訊中，找出真正有用或是符合題目要求的答案。

在拿到判讀題型時，先別急著看題目中所提供的短文資料，請直接把眼睛移到題目的最後面部分，也就是命題老師真正提出的問題所在。一般而言，試卷上多會用黑線或框線加以標示，先看清楚，究竟命題老師的問題在哪裡？接下來再繼續往下看，除了上述的問題外，是否還有其他的作答補充說明或注意事項。這一部分特別重要，因為它是指引答題的重要關鍵，有些提示甚至還有暗示答案的作用，務必多加留意！

看完了問題的要求後，此時再回頭看短文，在瀏覽短文時，心中可同時默記著問題的內容，如此即可在看過短文後，立刻找出全文的重點和所要的答案，一來可節省再次閱讀文章的時間，二來可確保答案方向的正確性。

題目

九十三年學測試題 判讀（占14分）

近一、二年來，「中高齡失業」成為台灣社會「沉重」的現象。所謂中高齡，泛指四十五歲到六十五歲。根據主計處二〇〇三年十月統計，五十至五十四歲平均待業期達三五．二三週（八．二個月），五十五至五十九歲達三八．六八週（九個月），年齡愈大愈不容易找到工作，他們的處境也就愈見艱難。

假設，你的鄰居陳先生也在這波中高齡失業潮裏。陳先生今年五十歲，他的太太來自越南，兩名子女分別就讀小學、幼稚園，一家四口僅靠他的薪水度日。一年前，陳先生任職的工廠遷往大陸，他因此失業了。雖然曾到「就業服務中心」登記，也應徵過幾個工作，然皆未獲回音。陳先生從事過紡織、餐飲、保全，最近更在社會大學上過電腦課，他迫切需要一份工作，但因文筆不佳，寄出的求職信往往石沉大海，因此拜託你幫他寫一封求職信。他特別強調，對工作性質、地點都不挑剔，希望待遇是四萬元。

在寫這封求職信之前，你必須仔細衡量上述陳先生的狀況，從中選擇若干做為訴求重點，以便打動僱主的心。那麼你會選擇那些重點呢？請逐項列出，並說明所以選擇其作為訴求重點的理由。

【注意】本題用意，並不在要求寫成完整的求職信，作答時，請逐項列出重點並說明理由即可。

提示

請注意本題的命題重點有四：

1. 這是一題問答題而不是作文題。
2. 不是要同學代替陳先生寫一封求職信。
3. 只要求同學找出可以說服僱主的訴求重點有哪些？
4. 並請同學說明理由何在？

因此在作答時只須針對第三、四兩項作答即可。

題解

◎訴求重點一：娶越南妻，有兩名就學中的幼兒，一家四口全靠其薪水度日。

理由：越南妻在台無法享有工作權，就學中的幼兒更無工作能力，陳先生是全家唯一可以寄望的人選。以哀兵策略打動僱主的心。

◎訴求重點二：工廠遷到大陸，陳因而失業。

理由：以反證方式陳述失業原因並非個人工作能力不佳或其他不適任因素。以迂迴策略暗示僱主。

◎訴求重點三：個人曾任職餐飲、保全作業，並且在社區大學修習電腦，對工作性質、地點都不挑。

理由：明確告知個人曾任行業及所具專長，展現個人工作範疇的多元性、繼續追求新知的上進心，以及對僱主調配工作的絕佳配合度與彈性空間，這是以攻擊策略告知僱主。

◎訴求重點四：希望待遇四萬元。

理由：五十歲的陳先生已有二十幾年的工作經歷，屬成熟型有經驗勞工，索價四萬月薪並不算高，且距六十五歲退休還有十五年，並不會造成公司的財務負擔。

5-3 評論

所謂評論，就是針對一篇文章於閱讀後提出個人看法和評斷。此種命題的主要目的是在測驗批判和辯證能力，換句話說，同學們思維是否周延縝密，想法是否深入獨到，見解是否客觀多元，往往一測就真相大白，無所遁形。這種命題對基本常識豐富或社會歷練較多的考生來說，應該不算困難。

評論當然可以是正面的讚揚，也可以是負面的批判。不過，仍然應以命題老師所要求的答案為答題方向才是正辦。因此在作答前，仍請仔細看清楚問題的核心在哪裡？只要針對命題老師提出的問題作答即可，不必自作聰明、炫耀功力，以免自尋煩惱。

評論一篇文章時最重要的是，能否說出一套足以說服別人的觀點。因此要留意，你的觀點是否正確？抑或與現實不符？是否與眾不同，或只是泛泛之論？是否可以打動人心？還是連自己都不相信？在回答此類問題時，仍然依照作文基本鐵律：起、承、轉、合的方式來作答。因為「評論」基本上就是議論文的一種，所以它的成功關鍵是在「以理服人」。

如果想加強自己評論方面的功力，平時可多看看各大報紙的社論，小社論和方塊專欄，或是各大型雜誌的專文，這些文章都是各媒體，最優秀的主筆群的大作，內容短小精幹卻又針針見血，尤其是他們在評論中所持的論點，所舉的事證數據，往往能見人之所未見，接觸多了，自然可收到耳濡目染的功效。

至於在評論文章的正式寫作上，可採以下方式進行：

首先，在起的部分，可把命題老師要求的評論主題直接點出，直指核心，讓閱卷老師第一眼就看到正確答案，如此可以確保分數不至太低。

其次，承的部分，則須將評論的觀點周延的一一列出，並予以論述，這是展現個人多元思考和觀察能力的關鍵。

再次，轉的部分，可從相反的角度提出反證，或是透過補述和舉例的方式，予以強化前段論述，這是加強論證的部分。

最後，合的部分，務必再回歸主題，重申立場，並且以重量級結論或期勉式呼籲作結，以「震憾」閱卷老師的心。

題目

九十二年學測試題　閱讀下列資料，依框內要求作答（占24分）

中央研究院生物醫學科學研究所研究員潘文涵公布一份針對臺灣地區肥胖流行病學研究顯示，臺灣地區二十歲以上成人中，三成三以上有過重或肥胖現象。眾所皆知，肥胖是一種常被忽略的慢性疾病，也是心臟病、高血壓、糖尿病、痛風及若干癌症形成的主要因子，一九九六年WHO及FDA已將肥胖列為慢性疾病。

為了宣導「減重護健康」觀念，某校相關科系學生組成「肥胖糾察隊」，在校園中四處巡視，凡發現體態壯碩者即蜂擁而上，圍住那位同學，於眾目睽睽之下質問：「你體重幾公斤？」「你知不知道自己太胖了？」「肥胖會導致疾病，你知不知道？」「你要不要減肥？」被質問者往往一臉錯愕，甚至有女同學被嚇哭了。某次，糾察員圍住一位明顯超重的男同學進行逼問，男同學指著不遠處的一位胖教授反問：「你們怎麼不去問他？」糾察隊員答：「我們只針對同學！」男同學聞言，一拳揮向身材瘦小的糾察隊員，說：「我也只針對同學！」

一樁立意良善的宣導活動竟導致校園暴力，主要原因在於推動過程中，雙方當事人的心態、應對方式都有偏差之處。請你至少找出二個偏差的地方，寫下你對此一事件的評論。

寫作重點提示

1. 請注意畫線部分是命題重點，根據要求①至少找出二個偏差的地方。②做出你的評論。
2. 本大題雖屬評論，然因配分高達二十四分，和作文題的二十七分相較，幾乎不分軒輊，所以同學作答時不宜以小作文的方式應對，在字數上不可過少，以免顯得草率，讓閱卷老師誤以為同學已黔驢技窮，提不出獨特觀點。
3. 在詞彙用語上，一定要加強潤飾、美化，把它當成一篇評論性的文章看待，在結構上也要講究嚴謹、周密，讓閱卷老師感受到，這是一篇花費心思的說理、面面俱到的好文章，而不僅僅只是一個答案而已。

題解

◎起（直接點出主題）

綜觀全文，某校執行「減重護健康」宣導活動的偏差有三：

1. 為活動而成立之組織「肥胖糾察隊」所用名稱不當。
2. 活動執行方式過於激烈、直接甚至粗暴。
3. 被糾舉同學以暴易暴作法亦屬不當。

◎承（從活動舉辦之目的和意義，闡述學生執行活動的出發點是出於對社會、國家的真誠之愛，完全是出自善意的，並為下一段轉的部分留下批判伏筆）

本項活動的主要立意乃在於宣導「減重護健康」觀念，而此一組織之緣起，則以該校同學有鑑於中研院生物醫學研究所的一份研究報告而來，報告中指出：台灣二十歲以上的成年人中，竟然有超過三十三%的民眾有體重過重的現象，肥胖已經成了影響台灣民眾身體健康的一大危險因子。

眾所周知，沒有健康的國民，當然無法孕育出強盛的國家。因此同學能夠挺身而出，率先倡導減重保健觀念，不但展現出年輕人熱情純真的一面，也是值得社會大眾肯定和鼓勵的一項陽光活動。

◎轉（就活動方式及引起反彈情形說明偏差之處，這是問題的核心，一定要依據文章內容作答，不可無中生有。不過為了增加文章張力，可藉攻擊性、煽動性用語突顯同學作法之缺失，以激起閱卷老師的情緒共鳴）

然而令人遺憾的是，在推展活動的執行作法上，同學們採取的是比較激烈、直接甚至帶有語言暴力的方式去進行。如活動名稱以「肥胖糾察隊」為名，在一般人眼中，肥胖原本就是令人嫌惡的體態，即令不加說明，大家也都已心裡有數，如此毫不遮掩、大張旗鼓式的宣導作法，其實早已註定活動失敗的命運。

再者，同學們在眾目睽睽之下，直接質詢肥胖的同學：你有幾公斤？是否知道自己太胖了？而且還是大家蜂擁而上的共同質詢。這種指著和尚罵禿子，把肥胖者當成過街老鼠公開追打的場面，想來是不會有人能夠樂於接受的。因此，一些弱者或許只能倖倖然離去，或是被嚇哭，可是一旦碰到強悍同學，就難保不會踢到鐵板而噬臍莫及了。

當然，暴力是解決不了問題的，揮拳者的行為也不應鼓勵，否則大家都以牙還牙，以暴易暴，這個社會的治安將伊于胡底呢？

◎合（以具體建議作結，呼應首段中的偏差作法，再以祈使語創造完美活動作法的成功願景）

總之，青年學子對社會有愛是我們所樂見的，也是社會所期待的，但是如果在作法上，能夠事先徵詢具有社會歷練的師長們，或許他們就會組成一支「陽光健康小天使」的宣導隊伍，把中研院的研究報告，透過DM或海報婉轉地呈現在同學面前，再號召大家一起來「為健康而跑，為健康而跳，為健康哈哈笑」，相信一定可以讓本項活動得到全校師生的認同與支持，並為整個活動畫下完美的句點。

5-4 改寫

文章改寫的命題，是在測試同學的組織能力和詞彙運用能力。

通常題目會提供一篇誤寫、亂寫的醜化性文章，例如用詞和題旨明顯相左，或者完全錯置、誤用的筆法，讓人讀過之後有如丈二金剛摸不著頭，不明所以，甚至讓人啼笑皆非，拍案驚奇。因此，在改寫文章時，要把握住兩個重要原則：

一、要忠於原著：即不可擅改文章中的一些基本「史實」，只能就文句中突兀不群的部分挑出來，重新潤飾，刪改即可，尤其是和文意大相逕庭的地方，務必一一糾舉更正。

二、要維持文意流暢：雖然抽換了一些詞句用語，但是全篇文章的思維邏輯和語勢走向，仍然要保持流暢平順，而且易讀易懂，不會造成閱卷老師的閱讀負擔。

文章改寫還可以擴寫、縮寫、仿寫等不同方式呈現，其基本原則大同小異，可自行斟酌體會。

題目

九十一年學測試題 文章改寫（占18分）

寫作時，適度而精確的使用口語與成語，可使文章增色，但若濫用、誤用，反不可取。下面是一封情書，除粗陋的口語外，更充斥俗濫與錯誤的成語。請在不違背其本意的前提下，用真切、自然的文字加以改寫。

【注意】

1. 改寫時須保留原信的時間、地點、人物、情節。
2. 不可使用粗陋的口語，並避免濫用成語。

「上個禮拜六在校刊編輯會議首度看到你，就被你煞得很慘。你長得稱得上是閉月羞花，聲音也像鶯啼燕囀。從此，你在我心中音容宛在，害我臥薪嚐膽、形容枯槁。我老媽看不下去，斥責我馬齒徒長、尸位素餐，不知奮發圖強，難道要等到名落孫山、墓木已拱才甘心嗎？我也有自知之明，這封信對你而言只是九牛一毛，你一定棄之如敝屣。但我相信愚公移山的偉大教訓，也就是人定勝天，如果你給我機會讓我向你表白我自己，你會恍然大悟我是個很善良的人。期待你的隻字片語，若收到回音，那一定是我一生中最快樂的一天了！」

題解

上週六在校刊編輯會議中識見了妳的手采，雖然只是初次邂逅，但妳的倩影已然駐留在我底心扉深處。妳那姣好的面容，悅耳的聲音，讓我留下了切切的期待。這份期待，開啟了我生命的鎖鑰，卻禁錮了我心靈的動力。因為思念是苦澀的，等待是漫長的，我無法遠離漫長的等待，卻註定要飲盡思念的苦澀。我於是形容枯槁，我於是形銷骨立，可我不以為苦，也不知是苦。

大考在即，眼看課本堆疊依舊，一向以「孝子」名聞里鄰的母親，日前竟一反常態地向我大聲告誡，要我能夠知所先後，分辨輕重，在此嚴峻的關鍵時刻，別因一時的迷失，造成終身不可彌補的缺憾。

其實我心中清楚得緊，我並沒有迷失，而是心有所屬，我只是把人生抉擇的作業，暫時做個小小的調整而已。現在的我只有一個願望，就是能有向妳表白、傾訴的機會。因為我的用心，因為我的真誠，相信上蒼會傾聽我的禱告，讓我完成心願。當然，如果因此而能得到妳隻字片語的溫馨祝福，這將會是我此生最快樂的一天，而且也會是我再次調整人生方向的一天。

我清楚的知道，我的人生掌握在一個陌生者的手上，而我竟不覺徬徨，也沒有迷惘，因為我真的清楚的知道：我已經心有所屬。

寫作重點提示

1. 這是一封情書，必須要能感人，而且又不能粗俗和濫用成語，因此我們大膽的採取全面改寫的筆法。文中除了維持原文文意之外，用辭和語法都全面翻新

2. 為符合情書的題旨要求，在寫作方式上，我們將原文平敘式的寫法，改為意境式的寫法。在表現方式上，我們將原文直接陳述愛意的方式，改為間接、迂迴的暗喻筆法，對第一次收到情書的對象來說，比較不會造成被嚇跑的慘劇。

3. 文中第三段，作者大膽的把自己的前途交給對方，並且明確的告知對方，我還是知道必須以大考為重，才會有前途，但是左右我繼續拚搏下去的關鍵因素，則是對方的溫馨回覆。這種激將與祈求並用的手法，表面上看是在耍賴，其實卻是在耍賊。

4. 最末一段更是賊到骨子裡，其實是更清楚的告訴對方，我把自己的人生交到一個陌生人——你的手中，但是卻沒有絲毫擔心，只因為作者自己「心有所屬」。

5. 全篇不用一個情字，沒有一個愛字，卻能夠令小女生們心裡小鹿亂撞的筆法，有如甜言軟語般地甜死人不償命，任誰看了都要蜜到骨頭裡了，這應該可算是情書中的上上之作了！

5-5 描寫與擬想

描寫與擬想是一種看圖說故事的寫作方式，這種命題方式，主要目的是在測試同學們的觀察力、想像力和語文表達能力。

在寫作時，除了要注意文字的運用之外，更重要的是創意、發想的部分。因此，面對這類題目，一定要多運用邏輯思考讓答案合情合理，不會變成自說自話或者自相矛盾。

此外，還要留意題目中所給的提示，一定要依照提示要求作答，才不會答非所問。

題目

九十三年學測試題 描寫與擬想（占14分）

下圖中人與蛙的神情、姿態十分有趣，請細細玩味後，（一）各以五十字左右之文字描寫他們的神情、姿態，（二）各以一、二句話擬寫他們當下內心之所想。

【注意】神情、姿態之描寫，與各自內心之所想，二者之間應相關、呼應，不可風馬牛不相及。

題解

◎神情、姿態：

人：三天三夜粒米未進的流浪漢，眼見路上蹦出一隻肥胖青蛙，面露喜色，說時遲，那時快，頓時拋開一身疲憊，緊追在後。

蛙：剛剛吃完蚊子大餐的青蛙，正想回到池塘中喝水解渴，回眸瞥見一位骨瘦如柴、肚皮扁平的癡漢，心中早已盤算出一二。

◎當下心中所想：

人：真是踏破鐵鞋無覓處，得來全不費工夫。

蛙：想抓我，先回去填飽肚子再說！

寫作重點提示

1. 圖中人物為古裝扮相，故在表現上採用古代筆記小說手法，描摹出兩者之間的互動關係。一則彰顯作者的創意，二則展現作者沒有死讀書，甚至還有將古書活用的能力。
2. 由於人與蛙都有生動和豐富的表情，因此藉筆記小說中常用的語詞來突顯故事的詼諧與趣味性，在嚴肅的考場中，或能引發閱卷老師的會心一笑，而增加一些分數吧！

3.寫作此類題目時，千萬不要拘泥於正統史實的框架裡，應該放開心胸，儘可能朝生動活潑、親切自然的方向去思考，才能突破藩籬，發揮創意，寫出與眾不同的一流作品。

5-6 聯想

所謂聯想，就是藉由某一事物而引發對另一事物的想像。透過聯想的過程，可以延伸出對事物觀察的角度、方向和體會。因此，聯想的命題目的，除了在測試同學的觀察理解能力、語文表達能力之外，更重要的是在發掘同學的想像力和創造力。聯想的關鍵是在串起兩件事物之間的關連性，此種關連性可以是相似的，也可以不同，甚至是完全相反或對立。在寫作時應該把握以下兩大原則：

一、任何聯想都要根據命題老師所提供的相關資料，以此作為基礎，然後再去發想創意主題，不可天馬行空，自說自話甚至不知所云。

二、聯想的重點在於創意發想，寫作時雖然可以在思維的領域中悠遊翱翔，但是仍要提出具體明確的主體形象，才能落實聯想寫作的成效。

題目

八十八年聯考試題

古人見浮雲聯想遊子，見落葉聯想衰老，見桃花聯想美麗的新嫁娘，透過貼切精采的聯想，可以呈現更優美動人的情境，因此聯想力的培養、發揮，是語文學習的重要課題。

下面有三個問題，請任擇其一作答。

（一）「車站」讓你聯想什麼？

（二）「夏天的驟雨」讓你聯想什麼？

（三）「深夜的犬吠」讓你聯想什麼？

【注意】

1. 聯想的對象限舉一件，須說明何以產生如此聯想。
2. 文長約一百字。

題解一

車站，透過交通運輸，每日接引洶湧人潮，熙來攘往，讓旅客到達所想望的目的地，它是維繫人們情感的總樞紐。心房，經由跳動壓縮，時刻導引浩浩血潮，奔流循環，讓氧氣送達所有需要的器官，它是維繫人類生命的總開關。

寫作重點提示一

1. 透過對比手法，分述兩個功能相通的事物，雖未明說聯想理由，卻因對此事物的形象具體而明確，讓人一眼就能明白，創意豐富，巧思十足。

2.利用排比形式寫作，兩個段落，兩個主題，以相同格式，相同字數，表現出形式對稱之美，讀起來嚴肅中帶有輕鬆，且能充分展現作者文字運用之功力與魅力，是一不可多得的上乘之作。

題解二

夏天的驟雨，讓我想起清淺無波的池塘，一陣驟雨無端來訪，如鏡的水面霎時換上一張刺蝟的臉，碩大的荷葉經不住風雨，不停地點頭低泣，珍珠的眼淚，順著圓盤滾滾滑落。不速的訪客啊！該說你是有情？該說你是無情？

寫作重點提示二

1.直接將聯想主題「池塘」引出，進而描述平靜池水在驟雨侵襲下的情狀，透過荷葉點出了夏日的時空，點頭低泣的荷葉、滾滾滑落的雨珠，把夏日荷塘給擬人化了。本以為雨珠是滋潤大地的甘泉，但為什麼又來得如此放肆無狀？果真讓人無法參透究是有情，抑或無情？

2.擬人化的筆法，把聯想的意境又往上拉高了許多，短短百字，彷彿讓讀者親眼目睹了一場夏日午後暴雨摧荷的影像全紀錄，既真實又淒美。

題解三

深夜的犬吠令人想起旅人的悲涼，是什麼緣由讓你在子夜裡踽踽奔忙？是家鄉父母身體微恙？是年幼子女正期待你的歸來？不畏風霜雨淋，不顧餐風露宿，戴著明月星光，伴著犬吠悲鳴，邁向情怯的故鄉。

寫作重點提示三

1. 直接進入主題，將旅人在子夜時分孤獨趕路和引來犬吠的兩個場景，串聯結合起來，自然生動且符合常理的認知，為命題老師的要求「須說明何以產生如此聯想」，提供了最佳答案。
2. 文中除了描繪旅人的艱辛外，對旅人奔波途中的原因也作出具體陳述，尤其以提問法呈現，不但增添文章的想像空間，更為全文注入滿滿情愫。雖然一路艱辛，總算已離家不遠，情怯二字為這趟旅程留下了美好的期待與結尾。
3. 文中非刻意的使用韻腳，雖無規則可循，卻也讓全文讀起來有如行歌般順暢。

5-7 文章賞析

文章賞析是屬於純文學的範疇，對同學而言可能是比較困難的一種命題形式。基本上，文章賞析包括了對一篇文章的鑑賞和析論兩大部分，而分析和評論此一部分決定了給分高低。賞析時則可從文章的風格、結構、修辭和筆勢氣氛等不同角度切入。

因此，平日閱讀文章不重視賞析方法，或是對文學創作不感興趣的同學來說，此種命題方式，往往以讀後感的方式來作答，結果變成雞同鴨講，難獲高分。

文章賞析要從命題文章中去找出，可供評析或是值得評析的內容，並據以作為評析的材料，而不像讀後感可以天馬行空般的述說自己的個人想法，這是回答此類命題時最須注意的地方。

題目

八十八年推甄試題 文章賞析

濃溪營地附近，雪深數尺。溪水有一段已結冰。冷杉林下的箭竹全埋在雪下。冷杉枝葉上也全是厚厚的白，似棉花的堆積，似刨冰。有時因枝葉消受不住重量，雪塊譁然滑落，滑落中往往撞到下層的枝葉，雪塊因而四下碎散飛濺，滑落和碰撞的聲音則有如岩石的崩落，在冰冷謐靜的原始森林間迴響。

這是陳列〈八通關種種〉裡的一段文字，其中沒有任何艱難晦澀的詞句，可是寫得非常精彩。請細細咀嚼，加以鑑賞分析。

【提示】請就上引文字，由「遣詞造句」、「氣氛營造」、「文章風格」三方面綜合賞析。

題解

◎在遣詞造句上

本文大量使用古典意象元素來表現其筆觸特色，如「厚厚的白」、「似棉花的堆積」、「如岩石的崩落」等等，這種筆法和鄭愁予詩作〈錯誤〉中「那等在季節裡的容顏如蓮花的開落」一般，兩者都承襲了濃濃的中國古詩詞風。且看看和李清照〈聲聲慢〉中的「滿地黃花堆積，憔悴損，而今有誰堪摘？」的文字表現方式，應該不難發現其中的神似之處了。

◎在氣氛營造上

本文前四句，從「雪深數尺」、「溪水結冰」到「箭竹全埋在雪下」再到「冷杉枝葉上厚厚的白」止，都是靜態的描寫。直到末句描寫枝葉上的雪「譁然滑落」及「撞到下層的枝葉」到雪塊「四下碎散飛濺」以及最後帶動了整個「冰冷謐靜的原始森林」的「迴響」，一連四個不同層次對形體和聲音的描述，將一個原本寂靜無聲的世界霎時打破，把文章從純視覺的意象帶到視覺和聽覺兼而有之的場景，這可說是遞升式層遞手法的極致表現了。

至於在整體意境上，也隱隱約約可以看到「蟬噪林逾靜」、「鳥鳴山更幽」的古典氛圍了。

◎在文章風格上

本文用字簡鍊，雖屬散文之作，然行文流暢，文風頗受中國古詩詞及現代詩的影響，讀起來也富有意韻之美，實可視為散文詩之佳構。

5-8 問答

問答題的範圍可說是包羅萬象，國文課程中的所有問題，都可以用問答的方式來提問，小自一句話的意義論述，或一篇文章的修辭、結構、意境的探討、文風分析等；大到一個作家的作品研究、甚至一個時代的文學趨勢等，無一不可入題。同學們只好平日多下功夫，隨時靜待對方放馬過來了。

題目

九十一年指考試題 問答（18%）

孟子曾說：「古之人，得志，澤加於民；不得志，脩身見於世。窮則獨善其身，達則兼善天下」（盡心上），標舉了知識分子在窮達之際的理想作為，但面臨生命的重要轉折，每個人的作法會因其性格、際遇與修養而有所不同。所以，無論是憂讒畏譏、忿懟沉江的屈原，或是不為五斗米折腰，守拙歸園田的陶潛，或是曠達自適、無處而不自得的蘇軾，都為後世立下了不同的典範，而他們的任事態度與生命情懷，也都反應在其作品中。以上三人，你最欣賞哪一位對於出處進退的態度及其作品？為什麼？試結合其生命情懷與作品加以說明，文不必分段，以三百字為度。

題解一

◎憂讒畏譏、怨懟沉江的屈原

對一生以忠君愛國為職志的屈原來說，楚國貴族出生的背景，加上早年曾經被委以重任的仕朝經歷，反而更堅定了他感恩圖報的反饋之心。只是兩任君王聽信讒言將他謫降流放，正是此種報國無門的情境種下了他投江而亡的因子。

在〈卜居〉一文中，對太卜詹尹的大哉問，究竟要悃悃款款還是送往勞來？要誅鋤草茅還是游大人以成名？可是不論如何選擇，似乎仍改變不了黃鐘毀棄，瓦釜雷鳴的政治現實。在〈漁父〉一文中，雖然漁父勸告他淈其泥揚其波，餔其糟歠其釃，仍難挽回他寧赴湘流葬身魚腹的壯舉。

因為他為自己立下的標竿是：安能以皓皓之白而蒙世俗之塵埃？烈士之死豈是憂讒畏譏？豈是忿懟沉江？而是以一己之身喚醒舉世皆濁、眾人皆醉的碌碌眾生啊！

寫作重點提示一

1. 前半段先說明屈原終須一死的原因，為全文留下答案的線索。中段舉出屈原兩篇名作〈卜居〉和〈漁父〉的內容，一則作為支持本文論點的基礎，二則符合命題老師「結合其生命情懷與作品」的要求。末段再回到主題，仍以屈原終須一死作結，呼應首段說法，同時在結論中大膽提出作者個人獨特見解，為屈原之死提供全新的看法和評價，把流傳兩千多年的「憂讒畏譏，怨懟沉江」說法推翻，提出新觀點，係屬文學創作中的翻案之作。

2.本文最大特色當屬結論中，作者為屈原投江情懷的重新詮釋，提出特殊獨到的見解。

題解二

◎不為五斗米折腰，守拙歸園田的陶潛

五柳先生為晉代名將陶侃之後，在最重視門第觀念的晉宋之際，以其文采和學識當不難謀進仕途。然而當他看盡政權遞嬗、社會汙濁、人性貪鄙的時代亂象後，這份出身名門的尊嚴，反而成了他超脫凡俗、走出自我的動力。

如在〈和劉柴桑〉詩中的「耕織稱其用，過此奚所須。去去百年外，身名同翳如」，已可看出他鄙棄名利的志向。即令其先曾祖父陶侃的豐功偉績，經過百年歲月的淘洗，又留下了什麼？

後人常以消極避世相責，其實卻錯看了集「智者、勇者、仁者」於一身的五柳。他不為五斗米折腰，怡然自適於「採菊東籬下，悠然見南山」的澹泊，寧非智者？

他不懼當朝「自解印綬」而歸的行止，寧非勇者？

他樂於和農民一起「相命肆農耕，日入從所憩」的襟懷，寧非仁者歟！

寫作重點提示二

作者於末段論述其個人觀點的評論中，技巧性地將五柳先生作品中的原文和用語融入文章中，除了表現個人對五柳先生作品的深入認知，補足中段舉證不足的缺失外，更可符合命題老師「結合生命情懷與作品加以說明」的要求，可謂一舉三得。

題解三

◎曠達自適、無處而不自得的蘇軾

對才華洋溢似海，閱歷縱貫古今的東坡先生而言，天下事似乎沒有不能掌握於其指掌之間了！當其以二十之齡撰〈進策〉廿五篇而高中進士位列朝班；接著又以〈進論〉廿五篇博得青睞，青年期的蘇軾可謂年少得志，意氣風發之至了。而壯年之時因與王安石政治主張不同，謫遷江南各地，藉此他遍遊江南勝景，留下了無數佳作如：〈石鍾山記〉、〈前後赤壁賦〉等；同時仍不忘以史論方式繼續為朝廷建言，如〈賈誼論〉即是此時代表作。

到了晚年，蘇軾再遷南海，看盡官場百態的他，親近佛道，了無罣礙，更能以客觀持平之見暢論時事，《東坡志林》中的〈論古〉十三首尤為代表。今日我輩以「曠達自適，無處而不自得」而欣賞蘇軾之餘，似乎更可以為其一生多變的遭遇而慶幸，若非如此，東坡先生又如何能成為我國歷來留下最多、最佳作品的偉大作家呢！

寫作重點提示三

1. 本文不以蘇軾單篇文章的內容作為評論分析的重點，而以東坡先生終其一生的文風發展與變遷為論述核心，用意有二：其一、東坡先生一生著作等身，實難以一二文章盡述其生命情懷；其二、如以一般性文章舉例，將無法展現考生個人獨到之處，而徒為泛泛之論。
2. 作者將蘇軾一生畫分為青年、壯年、老年三個階段，並以各時期作品的風格作簡潔有力的論述和舉證，讓閱卷老師可以感受到同學的努力和功力。
3. 結論中跳脫常人對蘇軾「曠達自適，無處而不自得」的一貫說法，改從欣見東坡先生為後人留下大量優秀作品入手，讓東坡先生從政治我回歸到更能代表其本心的「文學人」，這種間接、迂迴而且另類的論述方向，又再次不過分露骨地突顯出考生個人的「與眾不同」之處。

5-9 文章解讀

題目一

一〇六年學測　文章解讀（9分）

閱讀下文後，請依據作者的引述與闡釋，說明當人發揮自己的天賦時，如何能產生「自由與踏實的感受」。文長約 100-150 字（約 5-7 行）。

年輕人要清楚自己的志向，不讓他人的噪音壓過自己的心聲。當你找到自己的天賦時，會有一種如英國教育改革家肯．羅賓森所說的「歸屬於天命」的狀態：「歸屬於天命，有跡可循，最明顯的就是自由與踏實的感受。當你從事自己熱愛又擅長的工作，才可能覺得活出了真實的自我。你覺得自己做著天生該做的事，也成為你天生該成為的人。」但我們常常提到「讓天賦自由」，我很擔心這會造成一種誤解，以為找到「天賦」就自由了，可以放羊吃草、閒散度日。天賦，不是偷懶的藉口，沒有一個天才可以光靠天賦扶搖直上。正好相反，天賦是由一種不得不然的熱情所驅動，你熱愛一件事，熱愛到足以打死不退，全身有一股強烈飢渴往前追尋的力量。因此，任何天賦都需要回到「紀律」的堅持上。（改寫自嚴長壽《教育應該不一樣》）

題解一

富蘭克林說：「為熱情所驅者，騎的是一匹瘋狂快馬。」的確，當我們找到自己的天賦而且又可以運用在喜歡的工作中時，緣於駕輕就熟，緣於熱情難擋，只要在朝目標挺進的途程中不忘初心，不為障礙所撓，堅持不懈，奮勵以赴，天賦這匹良駒必將毫不保留地引領我們朝成功的目標快速前進，因為我們心中充滿著自由與踏實。

題目二

一〇六年學測　文章分析（占18分）

閱讀下引〈虯髯客傳〉「紅拂女夜奔李靖」一段文字，回答問題。答案請標明（一）、（二）書寫，文長約250-300字（約12-14行）。

（一）分析李靖在整段事件過程中的情緒變化。

（二）闡述紅拂女如何運用說話技巧，使李靖接受她的投靠。

靖歸逆旅。其夜五更初，忽聞扣門而聲低者，靖起問焉。乃紫衣戴帽人，杖揭一囊。靖問：「誰？」曰：「妾，楊家之紅拂妓也。」靖遽延入。脫衣去帽，乃十八九佳麗人也。素面華衣而拜。靖驚答拜。曰：「妾侍楊司空久，閱天下之人多矣，未有如公者。絲蘿非獨生，願託喬木，故來奔耳。」靖曰：「楊司空權重京師，如何？」曰：「彼屍居餘氣，不足畏也。諸妓知其無成，去者眾矣。彼亦不甚逐也。計之詳矣，幸無疑焉。」問其姓，曰：「張。」問伯仲之次，曰：「最長。」觀其肌膚、儀狀、言詞、氣性，真天人也。靖不自意獲之，愈喜愈懼，瞬息萬慮不安，而窺戶者足無停屨。

題解二

（一）面對天人美女紅拂女五更天私自到訪且托付終生，李靖先是驚訝又疑惑，畢竟能得如此美眷寧非人生一大快事？然而當想到她的主子是權傾天下的楊司空時，不免生起擔憂、顧忌之情，即令紅拂女告知楊司空氣數已盡的事實，李靖心中仍不踏實，懼怕會因此延禍入門，於是不斷地從門縫裡窺視可有追兵？既喜又懼的心情躍然紙上。

（二）紅拂女一進門自我介紹後立刻切入主題，先表明自己閱人無數，再稱許李靖必非池中之物，願以身相許。此一說法既展現果決意志，更顯示她對自己秀外慧中特質的高度自信，認定李靖當不致推卻。

接著再進一步說明楊司空已風燭殘年，用以解開李靖心中最大的憂懼。先讚李靖，其次委身，最後安撫，層層進迫，良人入其甕矣。

題目三

一〇六年指考　觀點闡述（占18分）

參考甲、乙、丙三則材料，發表你對「國際人才流動」的看法。文長限 200-250 字（約 9-11 行）。

甲、臣聞地廣者粟多，國大者人眾，兵彊者則士勇。是以泰山不讓土壤，故能成其大；河海不擇細流，故能就其深；王者不卻眾庶，故能明其德。是以地無四方，民無異國，四時充美，鬼神降福，此五帝三王之所以無敵也。今乃棄黔首以資敵國，卻賓客以業諸侯，使天下之士退而不敢西向，裹足不入秦，此所謂藉寇兵而齎盜糧者也（李斯〈諫逐客書〉）。

乙、本國人才受到他國提供的優渥薪資或居留條件所吸引，為他國效力，造成本國人才外流嚴重。

丙、輸入人才有助提升國家競爭力，但也會剝奪本國人才就業機會、瓜分社會資源、衍生文化衝擊。

題解三

雨果在《悲慘世界》中說：「世上最寬闊的是天空，而比天空更寬闊的則是人的胸懷。」在科技已經衝破國界藩籬的二十一世紀，在臭氧層破業已成為所有國家必須共同面對的地球村時代，人才早已超越國界的拘限，人才更應消泯國籍的思維。從人力資源的角度看，人才是否放在對的地方，才是問題的關鍵。所謂「人才外流、瓜分資源、文化衝擊」，都不過是自欺欺人的說法。且放開胸懷試想，如果緣於國際人才的交流而帶來國家進步、國際和諧，甚至世界一家親的景況，何樂而不為？清末大儒魏源曾說過：「不憂一家寒，所憂四海饑。」我心嚮往之！

心訣篇

第六堂課

創造滿分作文的終極心法

6-1 做你自己

在文章創作的過程中，就像媽媽懷孕生產一般，我們要把文章當作自己的小孩看待，從學習創作的第一天開始，就要全心全意的澆灌它，培育它、呵護它，期待它能夠日有所進，月有所長。

難怪中國有句俗話說：「文章是自己的好，孩子是自己的美。」不過，在閱卷評審老師的眼中，雖然他們也認同文章是自己的好，但是對「自己的」一詞，卻有另一番解讀。文章創作必須要能夠表達呈現自我與真我，也就是要忠於自己，讓自己成為文章的主人翁，而不是成了配角，跑龍套去了。

所謂的「做你自己」，並不是要你在文章創作中完全以自我為中心，而是要在文章能夠找出和你的關連性，比如說你的經歷、體會、觀點或認知等等。換句話說，雖然大可不必在文章中處處都出現你的身影，但是不能讓評審老師覺得，由你親筆所寫的文章，竟然找不到和你有任何關係。那麼，這篇文章究竟是因何而作，又為誰而作？一旦閱卷老師有此質疑，只怕你的文章便很難獲得肯定。

6-2 寫出自己的感動

創作的本意就在表達作者個人的思想和觀點。而創作的目的，則在於將作者的思想和觀點，透過文字和語言呈現，進而影響讀者。

寫出有生命力的思想和觀點

因此，文字和語言能否影響他人，真正的關鍵在於作者原始的思想和觀點，而不是在文字的本身。至於作者的思想和觀點能否影響他人，那就要看這些思想和觀點是否具有生命力，或是某一種特殊的精神特質。你可以清楚的感受到它的存在，也可以從文章裡呼吸到它的活力，卻沒有辦法像魔術師一樣，把它像兔子或小鳥般地從那頂黑色禮帽中給抓出來。

請回想一下，在中學六年裡，國文課本中所讀過的課文已經將近兩百篇了。在這些精挑萬選出來，被歷代視為天下至文的千古佳作中，有哪些文章在唸完後，會讓你全身都起雞皮疙瘩？哪些文章會讓你想要和作者同聲一哭？或是讓你恨不得插翅回到昔日光陰，和他們一起同甘苦？

趁著你的記憶還在，立刻找出這些好文章來，利用清晨或夕陽西下的時分，在空曠無人的操場公園、田間野地，屋頂陽台等，大聲地朗誦幾遍，或是在夜深人靜時，在熒熒燈火陪伴下，輕聲地唸它個三、五遍，如果在誦讀文章時會悲傷、會落淚、會歡喜、會鼓舞、會心裡發毛，也會熱血沸騰。那麼，面對閱卷評審老師的時候，你應該如何打動他們，讓他們也跟著你的喜怒哀樂而有不同的情愫？因此，在打動他們之前，請先打動你自己。

儲備寫作資料庫

讓那些能夠感動你自己的人事物，一一留駐在你的記憶深處，然後再用你自己的想法、語言，記錄在你的筆記本或資料卡中，並且別忘了隨時隨地為它們增補新妝，讓它們永遠都以最真摯的情感，最清新的樣貌面見世人。在創作時，可以隨時隨地應你所需，就像早已輸入電腦硬碟中的資料一樣，隨時可叫出檔案來，能夠如此，就已經成功了。

下筆前的叮嚀

所以，在參加作文考試時，請你務必謹慎思考：

閱卷老師最想要從文章裡看到的是——

這篇文章裡有你嗎？

這篇文章能代表你嗎？

這篇文章可以看到你的想法嗎？
這篇文章可以證明你的與眾不同嗎？
最後，閱卷老師還要再問一次——
這篇文章是你寫的嗎？

好好掌握心法的簡單秘訣，
做你自己，
寫出你的感動，
一定能讓閱卷老師
認同你！
肯定你！

學測篇

第七堂課

破解新型學測寫作測驗

7-1 認識新型學測作文方式
7-2 應付新型寫作測驗的訣竅
7-3 給學測考生的特別叮嚀
7-4 實例寫作示範

7-1 認識新型學測作文方式

考試方式的改變

◎寫作題和選擇題分開測驗，各考八十分鐘

換句話說，考生可以不需同時面對選擇題和寫作題的雙面夾殺，而可以放下心來全心全意面對單一考試，對所有考生來說，這都是值得慶幸的好消息。

◎兩篇完整的長篇作文，或是一長一短

過去的國文作文規畫是以一篇長文、兩篇短文，如今改為寫作兩篇完整長篇作文，等於一篇文章的寫作時間只有四十分鐘。如果考一長篇、一短篇，對考生更有利，時間將更充裕。

如果以一般寫作平均速度每分鐘二十個字計算，文章總字數約為八百個字左右。

◎半限制式寫作測驗

試題中會提供兩篇長約一千五百字左右的文章，要求考生先閱讀後，再依據所指定的題目寫作，係屬於「半限制式」的寫作測驗方式。由於試題中提供的文章字數頗多，在閱讀時務須抓緊時間，以免影響寫作。

考試內容的改變

◎閱讀文章內容跨領域整合

試題中提供的文章內容，包括人文、社會及自然科學等跨科整合性文章，不再受限於過去偏重以文學、文藝為主軸的創作模式。

◎強調知性、感性的表達

透過考試測驗出學生寫作知性、感性兩種不同表達方式文章的能力：

其一、知性文章：目的在測試學生對知識統整、分析與判斷的能力。考生寫作這類文章時，應著重於是非對錯與論證過程。

其二、感性文章：目的在測試學生對感情抒發、想像與創造的能力。考生寫作這類文章時，應著重於至性大愛與感恩分享。

7-2 應付新型寫作測驗的訣竅

略讀文章

能夠了解文章所述內容即可，不要在閱讀文章上浪費太多時間。記住！你只有四十分鐘時間可以寫作！

抓住要點

一面閱讀，一面將文章重點畫出來，務必於第一時間就能掌握住全篇文章或資料的要點，以節約之後複閱的時間。

看清題目

第一、先看清楚作文題目，尤其是命題老師特別用上下引號或底線標示出來的題目。

第二、再看清楚命題中要求考生寫作的方向和內容。

例如如考題中有「請就作者所述內容加以評論」、「請提出你對作者觀點的批判」、「請就你個人的親身經歷加以說明闡述」，或是「請寫出你贊成或反對的意見」等等關鍵用詞，考生必須依據這些特定的問題給與切確的答案，不能夠隨心所欲，恣意發揮。

7-3 給學測考生的特別叮嚀

在框架中找出創意

新式學測的作文考試，是一種屬於有範圍、半限制式的寫作測驗方式，雖然看似不能天馬行空般的自由創作，但是仍然可以在試題要求的範圍內，找出獨特創意做最大程度的發揮，而且還必須要能夠提出個人獨到觀點、或是具有特殊見識的作品，才能獲得閱卷教授的青睞，馬到成功。

先「大題小作」，針對題目下筆

同學們不必被新式測驗方式給嚇到，不管試題中提供的文章在講什麼，只要抓住文章最後給你的「題目」下筆就對了。

千萬記住，試卷裡提供的文章只能拿來當做寫作方向上的參考，絕不可奉為聖旨、不可拿來照本宣科，更不可抄用其中的文句；即使萬不得已必須要引用，也一定要外加引號以資區別。引文越少越好，因為閱卷老師想看的是你的思維邏輯、你的價值判斷，而不是原作者的精華再現。這是應付一〇七年新式學測作文考試成敗的關鍵，同學們務須謹記。

再「小題大作」，全力發揮創意

寫作時一定要根據試題中要求的方向給答案，答案可能是贊成、可能是反對，也可能是折衷式的兩者皆可，或兩者皆否，或者是其一可，其一則否，這幾種不同的寫作方向也是同學們可以自由選擇的空間。

找出其中之一，確定了方向，接下來就和一般作文寫作方式完全一樣了——天馬行空，自由發揮。

記住！論述越有力、舉證越翔實、創意越獨特、感情越豐富、文字越優美，分數就越高！

7-4 實例寫作示範

學測最新命題趨勢分析

教育部公布的最新學測寫作能力測驗規定，關於命題趨勢，有兩個修改值得考生注意：

一、**命題引文盡量不超過八百字，避免出現艱深、冷僻的專有名詞，並適度適度控制試題難度，以免設計過於複雜。**

原本試題規定，兩篇引文都以一千五百字為原則，如今修改為八百字是顧慮考生讀完考題再消化內容，可能要花上五到十分鐘，剩下時間無法寫出一篇真正有內容、有文采的作文，這是合理的調整，考生們在時間安排上可以更充裕。

二、**評分方式上採「三等六級」評分：**A^{+}**：25～22分，A：21～18分，**B^{+}**：17～14分，B：13～10分，**C^{+}**：9～6分，C：5～1分。**

「三等六級」評分和往年「三等九級」評分方式相較，的確是進步的作法，閱卷老師可以更容易掌握給分的範圍，打出較為客觀的寫作成績。

而根據現今出題趨勢，多以「半限制式」作文為主。這一類作文的寫法，只要抓住引文大方向，根據命題要求的內容，寫出自我的觀點和想法，不要被引文誤導，掉入它的陷阱，而是跳脫引文的框架，只運用其文意精神，寫出超越引文內容和論述觀點的作品，這樣就能在新型學測寫作能力測驗中占得機先，贏得高分了！

以下我們就根據大考中心新型學測命題方式，模擬多道新型題目，並提供「寫作示範文章」以及「文章寫作方向筆法說明」，讓同學們熟悉新型試題以及練習應考技巧。

題目一

請仔細閱讀以下三段文章，並根據要求寫作兩篇文章。

1. 墨硯山．筆架山．托盤山

「墨硯山」山勢不高，前端有一處較為低下狹小的山坳，後半部則是一片較為寬廣平坦的山崗，遠望有如一方儒生士子讀書時所用的「硯台」，於是當地耆老便稱之為「墨硯山」。據說清代有位懂風水的地理師曾預言，村中將會出現郁郁文采之士。

此外，在南、北兩峰之間凹陷處，從苗栗市區東望，其形狀類似一座置放毛筆的筆架，於是也有村民以「筆架山」相稱。

然而，一般村民普遍認為山崗上方一片平坦，有如客家鄉親平日婚喪喜慶宴客時端菜用「托盤」，於是私底下也都暱稱之為「托盤山」。

雖然都是以山的形貌命名，然而「墨硯山」和「筆架山」明顯的是由知識分子、讀書人的視角出發，至於「托盤山」則是基層市井小民的眼光與判斷。這兩種截然不同的看法，其間並無高下之分，更無雅俗之別，它只是鮮活、自然地呈現在地村民的第一視覺觀感而已。

2.三台疊翠——苗栗八景之首

苗栗盆地四面環山，自古就有「山城」之名。若以苗栗盆地為中心向東方眺望，可以清楚看出三道色彩深淺不同的山脈形貌：第一道較為蒼翠新綠的是「墨硯山」，平均標高約一五〇公尺；再往東方內陸延伸，第二道偏向蓊鬱深綠的是「八角崠山」，平均標高約七五〇公尺；至於位居最內側，第三道近乎靛青黑紫的則是「加里山脈」，平均標高約二二〇〇公尺。

以上三座山脈，由西往東漸次深入，山勢逐步躍升，遠看就像是三座綠色的平台交疊在一起，每一層都彷若古代的案桌，既可供知縣大人辦公決案，為民申冤；又隱含有步步高升，平步青雲的暗示，難怪得到當時有識之士的青睞和讚賞呢！

只可惜，民國六十四年因政府推動十大建設，高速公路苗栗路段正好從墨硯山右緣切過，民國九十四年又有東西向快速道路通車，沿著後龍溪畔將青山綠水一刀劃開；交通的便捷，換來的卻是自然生態的低泣與哀鳴。曾有村中耆老警示村民，筆架山的枕部已遭斷毀，墨硯山的墨池也已傾頹，墨水流洩殆盡，恐傷及村中文人士子前途。街談巷議，市井流言，未知真假如何，權且姑妄言之，姑妄聽之。

3.美國前副總統高爾拍攝了一部多媒體紀錄片《不願面對的真相》。片中討論全球氣候變遷問題，其中特別關注氣候暖化的現象。然而，即使高爾透過影片把北極地區冰山融化、崩毀的情形活生生地呈現在世人眼前，美國政府依然不願意在「京都議定書」上簽字，以共同承擔責任。高爾大聲疾呼：「這不是政治議題，這是道德議題。」

一、第一段文字是描寫苗栗盆地東緣山巒景色的文章，同一座山卻出現了三個不同的名稱。作者認為三個不同的名稱「並無高下之分，更無雅俗之別，它只是鮮活、自然地呈現在地居民的第一視覺觀感而已」請你就這三個不同的名稱，挑選其中一個認為最合適的名稱，並且說出個人理由。文長以200字至300字為原則。（占分十五分）

二、閱讀第二、三段文字後，當可體會人類建設發展的同時，往往也會給環境帶來無可彌補的傷害；如果關心地球的永續發展、物種生命的長期延續，人們不該再如此消耗地球資源。請就第二、三段文章所述內容，以「建設發展與生態維護」或「生態維護與道德的關係」為題，寫作一篇內容完整的文章，文長不限，唯不得以詩歌體寫作。兩個題目擇一寫作。（占分三十五分）

寫作示範一（第一種寫法）

我喜歡「墨硯山」的濃濃文墨氣息。

一方大自然留下來的天然硯台，靜靜地橫陳在群山的懷抱中，遠離了塵囂擾攘的的喧嘩、遠離了文人墨客的騷擾，更遠離了商賈銅臭的交易，是上天然的恩賜，是人間少見的美景。

清晨時分伴隨著氤氳山嵐，宛若天上仙子們攤開了大自然的畫軸，一筆潑墨傾瀉而出，無須修飾，無須雕鑿，盡是自然天成的佳構。

黃昏之際，夕陽餘暉從遠山處漸次暝暗下來，直到近處的山腳也都落入闃黑的深淵，看似落日無情的控訴，實則暗黑處烏金般的墨汁正在墨硯山中蘊蓄生發。

墨硯山啊！墨硯山啊！即今一角已殘，你那濃濃的墨香依然迴盪四方！

文章寫作方向與筆法說明

第一段，起勢，破題

直接破題，給答案，開門見山，不繞圈子。

第二段，承勢

從大自然的角度來看待「墨硯山」，點出它是上天恩賜，也說出它的與眾不同。

第三段，轉勢

轉到墨硯山的清晨景色，描寫山嵐氤氳的美景，並以譬喻筆法將山景喻為天上仙子們的一幅佳作。

第四段，轉勢

再轉到墨硯山的黃昏美景，描寫夕陽西下時，山中景色由遠而近，由明到暗的遞嬗變化，再以轉化的擬人筆法，輕輕帶出太陽下山後，墨硯山中古老傳說的隱隱然動，在靜態的闃黑中，襯托出墨汁的蓄勢待發。

第五段，結論

以呼告式筆法，記憶、頌揚墨硯山的濃濃文墨息。

寫作示範一（第二種寫法）

我喜歡「筆架山」的郁郁文采。

穩實的筆架，承載的是文人士子的希望，是書生報國的理想。多少個炎夏酷暑？多少個瑞雪寒冬？擱下手中毛筆的主人，或是伏案呼呼大睡，或是趁勢假寐休憩一番，無人眷顧的小小筆架，依然堅守自我崗位，在孤獨身影下不忘展露出對主人的忠誠與真心。

經過千萬年的修為，而今化成一座身形魁梧的筆架山峯，佇立溪畔，俯瞰紅塵。世上再沒有一枝如椽巨筆可以置放你身，伴你無眠的則是終日未曾斷流的溪水。是千百年前的相約？抑或是生生世世不解的情緣？

筆架山啊！筆架山啊！你的士子伴侶而今又在何方？

文章寫作方向與筆法說明

第一段，起勢，破題

直接破題。直指喜歡「筆架山」的原因。

第二段，承勢

從筆架的實際功能性下筆，描寫它肩負起文人的歷史重擔。透過擬人化的筆法，將筆架的孤獨身影和效忠主人的忠誠展露無遺。

第三段，轉勢

轉到現實世界的巍巍筆架山，依然採用擬人修辭，把筆架山和山腳下的溪水化成千百年生生世世的約定與情緣，讓文章的情感沛然莫之能御。

第四段，結論

以呼告式筆法，為空盪盪的筆架留下引人追懷的情思。

寫作示範二

建設發展與生態維護

那是一種對立，那是一種衝突，那也是一場永難止息的戰爭。那是一種互助，那是一種互補，那也是一場追求共生的戰鬥。

追求建設發展，是推動人類社會不斷向前邁進的原動力。在人類歷史發展進程中，創造美好的生活環境與機能，讓人們的生難獲得完美妥善的保障，這是世界文明發展的必然，也是人類社會發展的共同目標。因此，就人類生存、生活的各個面向言，追求建設發展是必須堅持與努力的正確方向。

至於有關維護生態環境的問題，這是文明進步之際，社會建設發展之後，才漸次浮上檯面的紛爭與困擾。上古時期，宇宙洪荒伊始，萬物都處於蒙昧草創之初，莫說野生物種，即今人類始祖如中國的北京猿人、歐洲的尼安德塔人，他們過的全都是茹毛飲血，與野獸爭生存的原始生活。當斯時也，人們依天地而生，賴環境而活，整個大自然和生態體系，都成了人類生存的最大保障。此時此際，當然少有維護自然生態的意識。

迨至人口日增，進步愈速，人們的需求日盛，現有的生活空間和物資早已不敷所用，於是各種濫伐、濫墾、濫捕的行為應運而生，環境洗劫於焉到來。近年新聞媒體更不時以「地球毀滅」或「世界末日」來警惕世人，如果人們不能真正面對問題，依然抱持駝鳥心態，繼續做一個「不願意面對真相」的人，不把生態維護視為當務之急，那麼地球終將葬送在你我的手中。

自從十八世紀工業革命以來，人類社會這兩三百年的發展速度，業已超越了過去數千年來的總和。同時，人們破壞地球環境生態的速度，也同步成長。今日當我們坐擁高科技產品，盡享利便生活之際，似乎應該放緩前進的腳步，暫時回眸觀覽身後早已百孔千瘡的地球，細細端詳她的遲暮之姿。然後，再次回頭向前，認真思考——人類的下一步該怎麼走？

回首過往，發展建設，追求善美生活，人類已經小有所成了！前瞻未來，維護生態，追求的則是人類的生命是否還有存在的價值與尊嚴的大哉問。若要回答這個問題，唯有真實行動才能拯斯民於水火。這是每一位世界公民共同的責任！

文章寫作方向與筆法說明

第一段，起勢，破題

在內容上，從「建設發展與生態維護」此一主題的對立性、衝突性下筆；再回到必須兩者互助、互補，才能尋求共生的千年大業主軸，可說是一針見血地將主題的矛盾與統一完全展現。

在修辭上，採取排比、類疊和映襯三種筆法，簡潔洗鍊，又見磅礡氣勢。

第二段，承勢，承第一段

先論述追求建設發展的歷史之功，並將追求建設定位在「歷史和文明發展的必然」，進而肯定它對人類追求善美生活的巨大貢獻。

第三段，承勢，承第二段

其次再談維護生態環境問題，先以上古時期無所謂生態環境困擾，這完全是人類社會發展、進步的一項副產品，來印證人類並非刻意破壞環境的初心。

第四段，承勢，承第三段

繼續就生態環境遭到濫伐、濫墾、濫捕，而導至浩劫出現，再以媒體的驚悚報導佐證維護生態環境已是刻不容緩的當務之急。

第五段，轉勢

先轉到歷史印證，以十八世紀工業革命以來的急速進步，說明生態破壞的因果關係，讓全文的關鍵議題找到合理的解釋。然後再將焦點轉移到人類未來該走向何方的文章主軸上。在筆法上則以提問方式，埋下下一個段落的探討主題。

第六段，結論

回歸主題，將發展建設和維護生態的緊密關連再次突顯，並從人類生命存在的價值與尊嚴拉高議題層次。最後再提醒每一位世界公民，都應該為這個脆弱無助的地球，貢獻一份心力。

題目二

請仔細閱讀以下資料，瞭解愛因斯坦發現《狹義相對論》和《廣義相對論》的歷程。在研究，探索的過程中，愛因斯坦的故事突顯了創造與發明的艱辛與不易。你是否也在愛因斯坦的成功故事裡得到啟發？請以「創新與發現」為題，寫一篇文章，內容必須包括：一、如何培養創造力？二偉大的創新與發現必須具備哪些條件？文長不限，唯請勿以詩歌體寫作。

愛因斯坦的故事

1.愛因斯坦四歲時，他的父親送他一只羅盤，對年幼的愛因斯坦來說，「宛如看到了一個奇蹟，我突然覺得各種事物的背後，一定有某些東西隱藏著；在某種意義上來說，一件神奇的東西可以使人的思想世界飛揚起來。」

2.少年時期的愛因斯坦，有一天，從好友處拿到了一本《自然科學通俗讀本》，他花了整個星期去研讀書中內容，深深地被作者層次分明、條理清晰的解說給吸引。平日就很喜歡幾何證明題的愛因斯坦，把書中有關「光速」的問題拿出來，並把它當成自己觀察宇宙的開端，從此與光學、天文、物理等科學結下了不解之緣。

3.一九〇五年，二十六歲的愛因斯坦在自修自學的情形下，發表了四篇研究論文。其中《分子大小的新式測定法》讓他獲得了博士學位的榮耀。另外一篇有關《光電效應》的論文，從全新的角度去探討光的輻射現象和能量生成，正是後來讓他拿到諾貝爾桂冠的世紀論文。

4.一九一三年，愛因斯坦和他的大學同學格羅斯曼，兩個人共同合作發表《廣義相對論和引力理論綱要》。一九一六年發表《廣義相對論基礎》，為他的學說做了一個總結。這篇僅六十頁的論文中，愛因斯坦提出了一個大膽的假設。即假設重力不並不是一種力，而是存在於時空連續現象中的一個扭曲的「場」，這個扭曲則是由質量所造成的。這個主張在當時引起了軒然大波，幸好在一九一九年英國天文學會的日全蝕觀測試驗，證實了愛因斯坦的理論是正確的。

5.愛因路斯坦從《狹義相對論》發表起，針對《廣義相對論》的完整理論，整整花了八年的時間，才把完整的理論架構整建完成。在這八年之間，他日夜苦思各種模擬狀況，四處蒐集相關文獻，透過廣泛、大量的資訊、材料比對、分析，最後在友人的協助下，完成了此一震驚全世界的偉大發現。

6.愛因斯坦的理論獲得驗證之後，他雖然頗感榮耀，可是仍不忘虛謙地向科學巨擘牛頓致敬，「牛頓先生，很抱歉我推翻了您的理論，不過您的成就是您那個時代一個人的智力和創造力所能達到的顛峰，您所創造的許多觀念直到今日都還在引導我們的物理思維。而我們知道，當我們對宇宙萬物有了更深入的了解後，這些觀念也將會被一些更抽象的新觀念所取代。」

寫作示範

創新與發現

創新與發現。那是一種探索的精神，那是一份血汗的積累，那也是一個改變人類歷史和發展的關鍵時刻。

從暗昧無知的渾沌洪荒到智慧崛起的科技昌明，人類社會經過億萬年的進化與拚搏，終於來到二十一世紀的現代文明。在這段漫長的歲月中，無數的先知先賢們，將他們的耕耘成果一一流傳、延續至今；就像愛因斯坦一般，為這個世界點亮了無數明燈，創造出無限可能。

在創新與發現伊始，擁有一顆好奇心似乎是日後成功的線索。就像愛因斯坦對羅盤產生的好奇心一般，他總覺得羅盤的背後一定藏有某種特殊意義，正因為這份好奇與質疑，才讓他在人類歷史上留下驚豔紀錄。美國文學家馬克・吐溫在《王子與貧童》一書中也曾經說過：「人類的好奇心具有一種非凡的力量。」此一說法。至於培養好奇心則須從幼兒時期就開始，透過父母師長有計畫的導引，不斷製造孩童接觸新事物的種種機會，並鼓勵他們自己去找尋答案，在不斷發現問題與探索答案的過程中，自然就能培養出他們對新事物的強烈好奇心與求知欲。

其次，在創新與發明的過程中，大量閱讀和不斷地吸收新知，讓自己具有廣博與多元的知識，則是突破研究瓶頸、能夠把種種片斷知識整合成系統性知識的關鍵。就像愛因斯坦少年時閱讀《自然科學通俗讀本》得到了啟發。至於要培養孩童大量閱讀的能力，最重要的就是從小就要養成他們閱讀好書的習慣，透過父母師長的良性牽引與指導，讓他們在成長過程中自然養成選擇好書、閱讀好書的習慣，並且從閱讀中找到樂趣，奠下穩固的基礎。

最後，創新與發現的第三個必備條件就是——必需具備孜孜矻矻的力行與實踐的精神與毅力。因為，創新與發現需要靈慧變通的頭腦，但是過程中伴隨而來的可能是無數個晝夜不分、日夜顛倒的血汗付出，就像愛因斯坦前後歷經八個年頭，才將相對論的研究成果公諸於世。這和荀子所說的「無冥冥之志者，無昭昭之明；無惛惛之事者，無赫赫之功」可說是異曲而同工。

至於培養孩童力行與實踐的精神與毅力，父母須大膽置子女於各種生活困境，甚至險境中，並抱持「天將降大任於斯人」的體認，讓孩童在逆境中培養出堅強的意志力和無限勇氣。

在愛迪生找到可以讓燈泡發光的鎢絲前，他已經歷過一千餘次的失敗；在居禮夫人公布發現鐳元素時，她身上多數細胞已經被輻射嚴重傷害。看似風光的偉大創新與發現，背後暗藏的往往是無數的辛苦付出和無奈的心酸過往；在享受前人的智慧與成果時，我們都應該保有一份謙卑與感恩的心。

文章寫作方向與筆法說明

關鍵思維：

這是一篇半限制式寫作題型，必須根據題目要求寫作。但是，在如何培養創新及偉大的發現必須具備的條件上，則可以天馬行空，自由發揮，以個人獨特的創意爭取最佳分數。

第一段，起勢，破題

扣緊主題「創新與發明」，一針見血，直指核心，避免偏題、離題。

在筆法上，採排比、類疊、層遞三種修辭，營造出大器文章格局。

第二段，承勢

接續第一段破題，並趁勢引出第三、四、五段轉勢的主題。

在筆法上，進一步闡釋主題，然後把主題「創新與發明」和主角人物愛因斯坦加以連結，預先為第三、四、五段內容埋下伏筆。

第三段，轉勢

直接轉入導引文字要求的寫作方向，明確提出創新與發現必須具備的第一個條件——好奇心；同時結合愛因斯坦之例予以印證。段末再針對如何培養孩童的好奇心提出具體作法。

在筆法上，採問與答並列的寫作技巧，讓閱卷老師可以一目了然，快速找到答案。

第四段，轉勢

繼續探討創新與發現必須具備的第二個條件——大量閱讀和不斷吸收新知；再結合愛因斯坦的事例予以印證。段末則針對父母、師長如何培養孩童優良讀書習慣提供確切答案。

筆法與第三段相同。

第五段，轉勢

最後，探討創新與發現必須具備的第三個條件：力行與實踐的意志力；除了愛因斯坦事證的引例外，再輔以荀子〈勸學〉篇的名言佳句給予強力論證。段末則對如何培養孩童的意志力和勇氣提出具體作法。

筆法和第三、四段相同。

第六段，合勢，結論

透過愛迪生和居禮夫人等名人的事例，印證創新與發現之艱辛與不易，最後再導出後人應對前人的付出抱持謙卑與感恩的結論。

在筆法上，以名人事例突顯本文論點之可信度，並從制高點提出作者個人的獨到見解。

題目三

請仔細閱讀以下資料，深入了解AI人工智慧目前發展的情況，並以「我看人工智慧的時代」為題寫一篇文章，探討面對人工智慧的新時代，我們應該秉持何種心態，才能夠健康、正常地去迎接它的來臨？文長不限。

AI人工智慧發展現況

1.台北市的無人駕駛公車，已經於二〇一七年八月開始利用夜間時刻，在特定街道試行通車。經過測試之後，並未發現有任何重大缺失，讓所有參與作業的工作人員都倍感興奮，對日後採取全面無人駕駛公車的計畫充滿了期待。

2.日本的居家服務機器人，近年發展速度大幅躍進，除了早期的開、關各種電器設備功能外，新一代的機器人已經可以幫忙打掃清潔、洗滌碗盤，甚至還可以與主人做日常性的對話。當主人心情不佳時，還會主動挑選合適的音樂播放給主人解悶，讓許多單身的民眾可以在回家後找到對話、訴苦的對象。

3.美國和蘇俄的無人駕駛飛機技術都有了長足進步。尤其是美國的最新無人機，不但起降作業已臻完美，甚至可以運載武裝部隊、掛彈遠航攻擊。估計再過數年，美、蘇等國的作戰用飛機都可以不必再用人力駕駛，這對世界的軍備均衡將帶來震撼性的影響。俄國總統普丁說：「AI人工智慧將會驅動全球性的軍事壟斷，未來的戰爭，必將會由無人機完全掌控。在AI人工智慧領域的掌控者，將會成為新世界的統治者。」

4.英國的國民健康保護局為了節約人力成本，以及追踪患者病情，從二〇一六年起和醫院共同研發頭部和頸部癌症化療的全新管制流程。透過人工智慧機器的大數據管理，從病患的個人患病歷程、治療歷程，以及用藥歷程等等資訊，可以快速計算出病人實施化療的時間和追踪成效。根據醫院方面的統計數字顯示，病患的總體化療時間從原先的四小時大幅縮減為一小時，不但節約了醫院方面的時間和人力，最重要的是減少病患等待和治療的時間，對不幸罹病的癌症患者而言，可說是一大福音！

5.有些社會學者對於AI人工智慧的發展感到憂心忡忡，擔心人力將會被機器全面取代，失業人口將會大幅提高；他們擔心機器人成為戰場上的武器，成為恐怖的殺人兇手；他們更擔心，懂得自我學習、自我進化的機器人，最後將反過來統治人類，甚至奴役人類。

6.AI人工智慧專家Hassabis說：「技術本身是中立的，但我們所接觸的是一個會不斷學習的系統，它們必然會接觸到和價值體系和原始設計者個人偏好的相關訊息，這個問題我們必須嚴肅以對，其間不容有絲毫模糊不清的表述。」

寫作示範

我看人工智慧的發展

人工智慧，既然稱之為「人工」，當然表示它是出自於人腦的原始發想、而且也是成之於人的一項創作產品；故而，這項產品本身品質或功能的良窳、或者日後它究竟會給人類帶來福祉抑或是引發禍害等種種疑問，最終取決於研發、製造和生產它的「人」，到底想要讓「它」做什麼？而不是問這個產品本身，「它」到底會幹甚麼？

就以時下已經正式量產並且廣被消費者購買、使用的「掃地機器人」為例，設計者為它設定的功能，是以清除地面的髒汙為主。為了貫徹清潔工作，機器本身作業時清潔力道的強弱、方位變動的靈巧與否，甚至大小尺寸的規格，以及操作方式的簡便與否等等，都是負責此一產品設計的原創者所必須完全瞭解，並且完全掌控的。否則，只要一個小細節出錯，未在設計者的規範之內，就有可能出現掃不乾淨的失誤，甚或是整台機器停擺的罷工事件。

因此，從上述掃地機器人的實例中可以得知，如果純就機器設計的角度而言，最終能夠主導機器運作和走向的，取決於我們人類本身。當我們將人工智慧導入機器工具之中時，同時也將我們意欲達成的目標，以清晰明確的指令下達給研發、設計的產品，在此種類似軍事指揮系統「一個命令，一個動作」的操作過程中，除非我們導入惡意的程式指令，否則機器或工具本身是不會自行違背或反動、叛變的。

號稱萬物之靈的人類，從洪荒蠻夷進入到文明階段，期間經歷了數百萬年的進化與演變，至今才有各種高科技智慧產品的出現，我們必須珍惜科技研發人員曾經付出的辛勞與血汗。但是也必須疾聲呼籲：科技無心，人心才有善惡。世人唯有將「善念」置入於各類科技產品之中，讓人類經手的每一項產品都能符合我們共同認知、遵守的道德規範，以及各國律法中所訂定的、不違背民序良俗的法令規章，如此當能避免科技「違逆」人性的意外情況發生。

且看看曾經讓台灣以「詐騙王國」為世人訕笑的種種詐騙事件，歹徒們手上握著先進的通訊科技產品，利用貪婪、無知、恐懼的人性弱點，跨國騙取數以億計的不義之財，這種惡行醜事哪一樁不是人類自私、邪惡的魔鬼基因在背後作祟，又豈能怪罪於科技產品的利便呢？

「人之初，性本善！」或許我們該好好重新省思老祖宗留下來的這句傳世箴言。

文章寫作方向說明

關鍵思維：

一、這其實仍是一篇傳統式的寫作測驗，只不過命題者將測驗主題預設在「人工智慧究竟是給人類帶來幸福，還是災難」和「我們應該用何種心態來面對人工智慧時代的來臨」兩個寫作面向而已。

二、因此，考生只要抓住上述兩個主軸，就可以毫無限制地自由發揮，將你個人的獨特見解透過論述主題、舉證實例和感性評議的方式，一一呈現。

三、由於寫作方向已經列出，因此如何在同一主題中找到特殊觀點，讓閱卷老師可以在眾多文章中一眼就發現你這顆珍珠，就成了決勝考場，取得高分的關鍵。

在示範文章裡，作者跳脫科技面向的論述，改從人性面探討科技發展的未來，就是採取逆向思考、另闢蹊徑的寫作模式，試圖從雷同的考生作品裡殺出一條血路，創造唯我獨尊的創意優勢。

糧草篇

第八堂課

快速提升作文實力的寶物

在此將一些較為典雅、脫俗、平易、實用而且能展現出個人特殊物風格的佳句、成語等，收錄於本書之中，供同學們作為寫作時之參考。這些成語、佳句最大的特色是，在格局上更顯得寬闊、典雅。因此，一些比較艱深、拗口或者冗長的句子，都不在蒐錄之列。如果同學們有意增加蒐錄內容，可以根據自己平日閱讀所得，自行記錄成冊。

除了把它們記憶背誦下來之外，最好能依照自己的文風和筆觸，另行創作優美動人的例句，或者運用改寫的方式，轉換成和自己的實際生活體驗相關的短句。

改寫名句技巧讓文章加分

名句的運用，一般以正經八百的方式把它們引進文章之中，並且以「某某人說」或「某某書說」來證明出處。但是對一些比較冗長，而且不適合整句引用的名句來說，盡量用你的本事把它們「斷章取義」，然後再大膽的把它們順暢自然地「置入」文章之中，既不必擔心被控仿冒、抄襲，又可以讓自己的文章讀起來更流暢而有深度。

比如說在寫「人生」有關的題目時，面對人生變化無常，個人生命的渺小時，可以寫道：「所謂浮生若夢，每個人的一生中都企盼可以勇於追夢，但是在這個幻化無常的塵世裡，個人的生命就像是寄蜉蝣於天地，渺滄海之一粟般的微不足道，終其一生都等不到那發光發熱的一刻。」

上面這段文章中，短短的七十六個字裡，技巧的將李白〈春夜宴桃李園序〉中的「浮生若夢」、華德．迪士尼的名言「勇於追夢」，和蘇軾〈赤壁賦〉的「寄蜉蝣於天地，渺滄海之一粟」自然順暢的融入，沒有引經據典，也沒有刻意雕鑿痕跡，卻讓整句得來流暢和諧，而且質感厚重。這種「斷章取義」的運用名句，可說是百分之百的「偷竊」，可是因為偷得漂亮精彩，而且還偷得恰到好處，所以不但不會被當成小偷，反而成了優秀的「創作」。

段落式造句訓練加強寫作實力

千萬別小看了這些摘錄自教科書的「制式文章」，最好還是要以自己的觀點、體會去蒐集一些你們自己心目中的名句，不必很多，夠用就好；不必很長，四個字、八個字最佳。找出你自己的名句名言之後，別讓它們成了筆記本上的死文字、死資料，平日除了隨時拿出來瀏覽、記憶背誦之外，務必以「造句」的方式，把這些名句名言，設定在一個題目或是一個情境當中，用你自己的語言，創作出一段和名句、名言相同的文章段落，不用寫成一篇文章，只要一小段，大約三十到五十個字以內即可。

透過上述這種「段落式的造句訓練」，一方面是在練習文章創作，另一方面在不經意中，用最深入的方式研讀經典古文。大概半年到一年之間，你的文章創作能力將大幅提升，此外，國文閱讀能力和文意透析能力也會大為精進。你將會發現，原來國文課並不是那麼枯燥乏味，古代文言文也不是那麼艱深難讀，讀好國文竟然那麼簡單！本來練習作文只想搶下大考中非選擇題的五十分，結果卻意外的也輕鬆拿下了選擇測驗題的五十分，這應該是研讀此書最大的附加價值了吧！

8-1 關鍵成語蒐錄

一字一珠	同字字珠璣。
一國三公	喻事權不統一。
一日難再晨	喻人生苦短，時光易逝。
不及旋踵	喻速度極快。
不貲之賞	喻厚重的賞賜。
千載一時	同千載難逢。
吐屬不凡	喻人言談高雅。
反掌折枝	同易如反掌。
可操左券	同穩操勝券。
執一不回	喻固執已見。
吐剛茹柔	喻吃軟怕硬。
吐飯成蜂	喻神怪無法理解之事。
君子不器	喻人多才多藝。
含英咀華	喻體會文章、事物的精華。
唱籌量沙	喻虛張聲勢。
夜行被繡	同衣錦夜行。
宵衣旰食	喻勤於政事。
一脈相承	喻世代相傳。
一曲之見	同一偏之見。
一蹴可幾	同一步登天。
三戶亡秦	喻眾志成城。
不欺暗室	同不愧屋漏。
不虞之變	喻無法預料的變故。
口耳之學	喻學識淺薄。

反求諸己	同反躬自省。
可為殷鑑	同殷鑑不遠。
居不重席	喻生活節儉。
合浦珠還	喻完璧歸趙。
吐膽傾心	同掏肝挖肺。
壓肩累背	喻人山人海。
含垢忍辱	喻忍辱負重。
吟風弄月	喻文章虛浮不實。
單絲不成線	同孤掌難鳴。
天道好還	同天理昭彰。
奉為圭臬	喻引為典範。
奮袂而起	喻奮勇往前貌。
委罪於人	喻把過錯推給他人。
季布一諾	喻人有信用。
季常之癖	喻男人怕老婆。
孟浪之言	喻言語輕率。
家傳戶誦	喻文章作品流傳甚廣。
巴蛇吞象	喻過度貪心。
師心自用	同剛愎自用。
居下訕上	喻以下犯上。
家無長物	喻生活清苦。
徒託空言	同光說不練。
得隴望蜀	同得寸進尺。
心閑手敏	喻技藝精湛。
寒泉之思	子女對母親之思念。
抗顏為師	嚴正臉色，重振師道。

抱薪救火	同揚湯止沸。
拿班做勢	同裝腔做勢。
排山壓卵	同反掌折枝。
日中則昃，月盈則食	喻盛極必衰。
早占勿藥	祝人早日康復的話。
明日黃花	喻已過時的事物。
春樹暮雲	思念遠方友人之詞。
不露圭角	喻人謙虛自抑，不露鋒芒。
一言僨事	一句話壞了大事（僨，音同奮）。
委決不下	同猶豫不決。
史不絕書	喻史上常有之事。
孟母三遷 孟母斷機	喻教子嚴格。

宇廟丘墟	喻國破家亡。
彌縫其闕	喻補救缺失。
山棲谷飲	喻隱居生活。
屬垣有耳	同隔牆有耳。
寬猛相濟	同恩威並施。
徒呼負負	同心有餘而力不足。
從諫如流	同從善如流。
悉索敝賦	同悉索薄賦。喻傾全國之力。
心織筆耕	喻以寫作為生。
寢饋難安	同寢食難安。
披沙揀金	喻揀取精華。
指顧間事	形容極短暫的時間。
按部就班	同循序漸進。

數黑論黃	喻任意批評。
日就月將	同日起有功。
明火執仗	喻公然搶劫、強盜。
春蚓秋蛇	喻書法拙劣。
呶呶不休	同喋喋不休（呶，音撓）。
世風澆薄	同世風日下、世風不古。
一狐之腋	比喻珍貴稀少之物（腋，音夜）。
一介之善	謙稱善行微小，不足掛齒。
乞漿得酒	喻得到的遠超過自己所要求的。
暴虎馮河	喻人做事有勇無謀。
顧盼自雄	喻自大驕傲，目中無人。
事不師古	喻不遵循古人的教訓。
事無常師	喻事情沒有固定的規則可依循。

事豫則立	喻事前準備周延必能成功。
五風十雨	同風調雨順。
五鼎一餚	喻待己寬厚，待他人則小氣。
人中騏驥	同人中之龍。
依違兩可	喻猶豫不決。
借箸代籌	喻為他人謀畫。
人言籍籍	喻旁人批評議論很多。
允執厥中	喻做事能秉持中庸之道。
刻鵠類鶩	同畫虎成犬。
前門拒虎，後門進狼	喻災禍不斷。
剜肉補瘡	喻只顧眼前之急未能考慮將來。
剝極必復	同否極泰來。
功不唐捐	喻功夫沒有白費終能有成。

勢成騎虎	喻進退兩難。
十羊九牧	喻官多民少，將多兵少。
千金市骨	喻以重金禮聘人才。
哀矜勿喜	喻要有憐憫之心，不可見獵心喜。
啞然失笑	喻不覺笑出聲來（啞，音餓）。
圓鑿方枘	喻格格不入（鑿音作；枘音瑞）。
唾面自乾	喻人有忍辱寬容之雅量。
器小易盈	喻小人得志便驕傲得意。
囊中之錐	喻終有脫穎而出之日。
因人成事	喻借用他人之力成就某事。
因利乘便	喻善用機會、時勢而成功。
執兩用中	喻處事不走極端而取中庸之道。
夏日可畏	喻人嚴肅非常，不易親近。
夏爐冬扇	喻處事格格不入，一無效果。
多錢善賈	喻金援多做事容易成功。
夸誕不經	喻言語誇大不實，不合常理。
季札掛劍 延陵掛劍	喻友情堅貞不移。
學如穿井	喻求學如掘井，挖到深處，才有水源。
孺慕之思	喻小孩愛慕父母的情感。
居必擇鄉	君子對居處多小心選擇。
寒暑易節	原指季節交替，引申為一周年。
掃眉才子	指文學造詣佳之女子。
采薪之憂	自稱生病的委婉用詞。
摽梅迨吉	喻女子已達婚嫁年齡。
智珠在握	形容事情已有詳細規畫。

暗香疏影	專指梅花而言。
暴殄天物	浪費物資（殄，音同舔）。
曙後星孤	指人死後所留下的孤女。
朱衣點頭	喻考試上榜。
曹丘一席	喻替人引薦的恩德。
更僕難數	喻事物紛雜繁多。
有腳書櫥	指博聞強記之人。
白首北面	喻年長者向後輩認輸。
朱陳之好	同秦晉之好，賀兩姓聯姻。
朱紫難別	喻正邪不易分別。
西園雅集	喻文人聚會。
諱莫如深	喻隱藏不露，令人無法了解。
越俎代庖	喻替人做事，逾越了本分。
趑趄不前	猶豫不決貌。趑趄，音茲居。
鎩羽而歸	喻遭到失敗挫折。
鐘鳴鼎食	指富貴人家。
黃鐘毀棄	喻忠臣賢士不受重用。
黑甜之鄉	白天睡覺稱黑甜。
雪泥鴻爪	指人生之無常。
非愚則誣	喻事情證據不足，不可相信。
鞭笞天下	喻號令天下。
韋編三絕	喻讀書勤奮。
龜龍片甲	喻搜集資料非常完備。
鼓盆之戚	指妻子死亡。
齎盜以糧	同助紂為虐。
齒牙為禍	喻因言語賈禍。
審時度勢	喻觀察時機，衡量形勢。
寶婺星沉	輓婦女之喪用詞。

禍棗災梨	喻刊行無用或無益的書籍。
程門立雪	喻學生尊師重道。
積羽沉舟	同眾志成城。
綆短汲深	喻才能淺薄，難堪大任。
罄竹難書	喻罪惡多端難以數計。
狗尾續貂	喻後繼之人或物不如前者。
瓜字初分	喻女子十六歲。
牛鼎烹雞	喻大材小用。
爾汝之交	喻交情親密。
無佛處稱尊	同山中無虎猴稱王。
焚琴煮鶴	喻大殺風景的行為。
熊丸之教	喻賢母教子。
泥牛入海	同石沉大海。
泥船渡河	喻危險極大。
沾丐後人	喻恩德及於後人。
海屋添籌	賀男子長壽之吉祥話。
營營擾擾	喻忙碌而往來奔波不停。
異苔同岑	喻志同道合的朋友。
畫脂鏤冰	喻徒勞無功。
白馬非馬	喻巧辯者之言詞。
鄭衛之音	指淫蕩的音樂或文學作品。
白雪難和	喻曲高和寡。
羚羊掛角	喻無跡可尋。
蒲柳之姿	喻人體質衰弱。
蜀犬吠日	喻少見多怪。
濮上之音	喻亡國之音，同靡靡之音。

灞橋折抑	喻送別。
炊沙作飯	喻方法錯誤，徒勞無功。
炳燭之明	喻老而好學。
白雲蒼狗	喻世事多變。同滄海桑田。
皮裡陽秋	喻嘴巴不說，心中早有褒貶。
跬步千里	喻只要不斷努力，總有成功之日。
河漢斯言	喻言論空泛，不切實際。
沸沸揚揚	喻議論紛紛，如沸水般洶湧。
朝乾夕惕	喻人日夜戒慎恐懼，不敢懈怠。
朝饔夕飧	早晚只知吃飯，無所事事。
髮短心長	喻人年紀雖長，而思慮深遠。
魚魚雅雅	指隊伍整齊畫一貌。同雁行有序。
首鼠兩端	猶豫不決。同躊躇兩端。
蕭牆之禍	喻家中內亂不平。

藥石之言	喻告誡規勸之語。
郢書燕說	喻穿鑿附會之說。
室如懸磬	同家徒四壁，磬音同慶。
醍醐灌頂	指灌輸他人智慧，使人頓覺清醒。
備多力分	喻籌謀太多反而分散力量無法達成。
兩瞽相扶	瞎子扶持瞎子，結果誰也幫不了誰。
兼聽則明	喻廣泛接納他人意見者，必能聰慧。
刻舟求劍	喻人拘泥事理，不求變通。同膠柱鼓瑟。
危如累卵	喻情勢危急之至。
口誅筆伐	喻以文字、語言揭發或譴責他人言行。

古調獨彈	喻自命清高或指人之言行不合時宜。
名韁利鎖	喻人陷於名利的追逐無法自拔。
不可同日而語	喻已非昨日吳下阿蒙。
同室操戈	喻自相殘殺、兄弟鬩牆。
向壁虛造	一作向壁虛構。同憑空捏造。
人為刀俎，我為魚肉	喻人處劣勢，只能任人擺佈。
五日京兆	喻任官職時間極短；或表示行事未做長遠之打算。
懷瑾握瑜	喻人有才華和美德。同懷文抱質。
懸車致仕	喻年紀大了告老還鄉。
悃悃款款	形容人誠懇又勤勞的樣子。
惡紫奪朱	喻厭惡邪惡勝過正義。
惡醉強酒	討厭酒醉，卻又偏偏去喝酒。
疾行無善跡	同欲速則不達。
恫瘝在抱	把人民的疾苦放在心裡。
惡濕居下	討厭潮濕，卻又居住在低窪地區。
擢髮難數	同罄竹難書。擢，音同濁，拔取。
東食西宿	魚與熊掌都想兼得，喻貪心之人。
東鱗西爪	喻事物零落，殘缺不完整。
林下風氣	同林下風範，喻女子舉止閒雅。
杵臼之交	喻不計貧賤的友情。
枉道速禍	喻歪曲真理，將招來禍害。
枯魚之肆	喻遠水救不了近火。
斗筲之人	指器量狹小之人（筲，音同燒）。
斗轉參橫	表天將亮的時候（參，音同身）。

意到筆隨	喻寫作文章得心應手。
愧怍無地	喻羞愧到無地容身。
投閒置散	形容人被安置在無關緊要的位置。
丹陵若水	喻人才聚集之處。原指帝堯和帝顓頊的出生地。
三家涉河	亦作三豕渡河。喻文字之誤用或誤讀，鬧出笑話。
不言而化	同不言之教。喻為政者不須多言，人民自然受感召。
以珠彈雀	以貴重的明珠去打麻雀。喻做事不分輕重，本末倒置。
以湯止沸	喻不但不能阻止，反而得到相反的效果。
以鄰為壑	喻為自身利益，將禍害轉嫁他人。
依于胡底	喻事情不知會發展到何種程度，有不堪設想之意。
周郎顧曲	一作顧曲周郎。喻對事物有專精研究之人。
烏飛兔走	喻光陰似箭，日月如梭。
烏白頭，馬生角	喻不可能實現之事。
如蠅逐臭	喻熱衷名利者之惡行惡狀。
相濡以沫	比喻在困難中相互扶持救助。

幕天席地	親近大自然，喻人心胸寬廣。
幣重言甘	贈厚禮，美言誘人，顯有不良企圖。
并日而食	兩天才吃一天的食物。喻家貧吃不飽。
度長絜大	喻兩相比較（度，同踱；絜，音同鞋）。
強聒不舍	別人不願聽，仍繼續諄諄告誡。
寸鐵殺人	喻重質不重量，貪多不如貴精。
尺澤之鯢	小水池中的泥鰍，同井底之蛙。
山高水低	喻發生意外事件而死亡，同三長兩短。
山高水長	喻人品德高潔，影響深遠。
山高水遠	喻路途遙遠而險阻，同山長水遠、山高地闊。
朱墨爛然	書本上寫滿了眉批，喻人讀書勤奮貌。
山雞舞鏡	喻顧影自憐或自我陶醉。
夏蟲疑冰	又作夏蟲不可以語冰。喻見識有限或偏執己見者。
噬臍莫及	喻人做事前不謹慎將事，結果招致禍害，才後悔莫及。

動不失時	喻在最適當的時機採取行動，才有成功的可能。義同及鋒而試。
天道忌滿，人道忌全	喻人生無法圓滿，警惕人在得意時，不可自滿。
太阿倒持	喻將有利的情勢拱手讓人，自己反倒身受其害。
奔車朽索	以腐朽的繩索，駕馭狂奔中的馬車，表示危險至極。
如風過耳	喻不聽長輩之教誨，或形容事不關己而無動於衷。
如蟻附羶 如蟻慕羶 如蟻赴羶	喻趨炎附勢者極多。
妍媸自見	美醜相較之下，高下立判。媸，音同吃，醜也。
委肉虎蹊	把肉放在老虎必經的路上，喻處境危險之至。
委巷之言	喻民間粗鄙淺薄的言論。同街談巷議。
投鼠忌器	喻做事有所顧忌，不敢放手推展。
封豕長蛇	喻貪婪兇暴之人。封豕，大豬。又作封豨修蛇。
小隙沉舟	小洞也能使船隻沉沒，喻小錯誤也會釀成大禍。

小器易盈	原指人酒量淺，引申為人器量狹小。
尾生之信	原意為堅守諾言，後人多引申為嘲笑他人固執已見，不知變通。
紆尊降貴	或作降貴紆尊，喻人態度謙卑，放下身段（紆，音同迂）。
履霜堅冰	走在霜上，就可預知寒冬將至。喻凡事應早做準備。
崑山片玉	喻難得的可貴人才或讚美人才學出眾，文章優美。
嶔崎磊落	形容山勢高險多石貌。喻人品格高潔脫俗。
形格勢禁	受到形勢的限制，使事情無法進行。
彤管揚輝	喻女性文章佳美（彤，音同童）。
深耕易耨	把田深耕，把草除盡。耨，音ㄋㄡˋ。
湯鑊之罪	喻犯重罪而遭酷刑。
淈泥揚波	喻沒有原則，隨波逐流（淈，音同股）。
滌瑕盪穢	洗去汙穢，除去缺失。喻改過自新。
為淵驅魚	喻處理不當使結果違背最初的願望。

燕雀安知鴻鵠之志	喻平凡人無法明瞭偉大人物的志向。
爬羅剔抉	喻多方網羅，精挑細選人才；或處事精密細心。
片言折獄	一、兩句話就可以判定訴訟紛爭。喻法官精明斷獄。
牛衣對泣	臥在牛衣中相對而泣。喻夫妻貧困至極。
牛角掛書	在牛角上掛書，以便閒時可以隨時取閱。喻勤學。
牛驥同皁	笨牛和千里馬同槽進食。喻賢愚不分（皁，音同造，馬槽）。
兔死狐悲，物傷其類	喻見到同類受到傷害而自覺悲傷。
物腐蟲生	喻內部先有弱點後，使他人可以利用它、侵害它。
犁牛之子	雜色牛生出優秀小牛。同歹竹出好筍。
犬馬之養	喻對父母供養只供給食物而不具孝心。
直木先伐，甘井先竭	喻好的人才必先被耗盡智能。
甘棠之惠	喻官吏賢良。

起死人，肉白骨	喻人醫術高明，能令死人復生，白骨長肉。
目不見睫	眼睛無法看到睫毛。喻人無自知之明，無法看清自己的缺點。
善游者溺，善騎者墮	喻人對愈熟悉的事物，愈容易大意疏忽而造成失敗。
老驥伏櫪	喻年老而志不老，志在千里。
腹笥甚廣	喻書讀的太少。又作腹笥甚儉（笥，音同四）。
自我作古	喻不遵古法而自我創新。
至敬無文	喻對至親不需掩飾。
茅茨土階	茅草蓋的房屋，泥土砌的台階。喻居處簡單樸素（茨，音同詞）。
若合符節	喻待人處事能符合規矩。符節，古時通關時查驗之信物。
苗而不秀	喻英年早逝，或指人才質好卻沒有成就。
菽水承歡	喻生活雖然清苦，仍能克盡孝道，讓父母歡樂。
蓴鱸之思	思念家鄉的蓴菜和鱸魚。喻懷念故鄉（蓴，音同純）。

虎尾春冰	踩在老虎的尾巴上，在春天的薄冰上行走。喻危險至極。
虎兕出柙	猛獸從籠中跑出來。喻做事不負責任，有虧職守（兕，音同似）。
虛與委蛇	喻假意和別人周旋。
蚍蜉撼樹	喻不自量力。同螳臂當車。
蠅營狗苟	喻人卑賤只為生活奔波。
初寫黃庭	指人初學書法。喻做事恰到好處，符合常規。
衾影無慚	喻人不做虧心事，心中自然坦蕩，無所慚愧。
補天浴日	女媧補天，羲和浴日。喻功勞極大。
見兔顧犬	同亡羊補牢、見兔放鷹。
解衣推食	本指關懷他人。喻施恩惠給別人。
言近旨遠	言語淺顯，含意深遠，讚美他人的言談或文章。
誨淫誨盜	指引誘他人去做偷盜、淫亂之事。
阪上走丸	在斜坡上滾動圓球彈丸。喻情勢發展順利、快速。
墨名儒行	言論是墨家，行為卻像儒家。喻人表裡不一，同言方行圓。

黜陟幽明	指處理官位的升降非常公平。喻長官考核人材，安排職位之意。
黽勉從事	喻盡心盡力做事。黽，音同敏，勤也。
鼴鼠飲河，不過滿腹	小老鼠飲用河水，喻所取不多，沒什麼了不起。
齎志而歿	壯志未酬身先死（齎，音同機）。
齒敝舌存	喻堅強的先亡，柔軟的卻留存。柔弱勝剛強也。
龍驤虎視	喻人志氣遠大，氣勢威猛。
龜毛兔角	烏龜長毛，兔子長角。喻不可能之事。
徒法不足自行	喻法律和執行應兩者並重。
得魚忘筌，得意忘言	喻事情成功後就忘了原來的憑藉。
德厚流光	喻道德深厚者，影響後世深遠。又作德厚流廣。
心拙口夯	心思愚鈍，口才笨拙，不善表達。夯，音ㄏㄤ。
心勞日拙	費盡心力，事情反而愈做愈糟。

怙惡不悛	喻胡作非為，不知悔改。悛，音同圈，改過也。
愛屋及烏	喻愛一個人或物，則和此人有關者都會一起去愛。
懲前毖後	喻記取教訓不再犯錯。毖，音同必，謹慎。
戛然而止	喻聲音、事情、文章等突然中斷。戛，音同夾，停止。
戶樞不蠹，流水不腐	喻人要勤勞用功，才會不斷精進。蠹，音同杜，蛀蝕。
房謀杜斷	房玄齡多謀略，杜如晦善決斷，喻二者各有所長。
拒諫飾非	拒絕他人勸諫，掩飾自己過失。
按圖索驥	依照線索去追查某事。亦可比喻拘泥不知變通。
磨礪以須	喻平時做好準備，一俟機會到來，就可立刻行動。
撟吞不下	翹起舌頭，不能言語。喻驚恐貌（撟，音同較）。
操奇計贏	指商人屯積貨物謀利（奇，音同機），同屯積居奇。
晚食當肉	(1)指飢餓過頭才吃飯，因此覺得味美如肉。(2)喻生活淡泊。
曲突徙薪	喻事先防範，同未雨綢繆。

書空咄咄	指人失意時所表現出的怪異、無奈狀。咄，音同剁，感嘆聲。
月暈而風，礎潤而雨	喻事情發生之前必有徵兆。
有腳陽春	喻愛民如子的長官，就像春天般溫暖。
望門投止	見到認識的住家就想前去投靠。形容人逃難時急迫的情形。
朝虀暮鹽	早餐配醬菜，晚餐配鹽巴。形容生活清苦。
期期艾艾	原指口吃者說話不清楚。喻人心中有隱情，說話吞吞吐吐。
末學膚受	學習沒有根基的學問，只能學得膚淺的皮毛而已。
杌隉不安	喻危險不安定的狀態。杌隉，音物聶，不安貌。
東方千騎	(1)形容隨從的陣容盛大顯赫。(2)喻女子嫁得貴婿。
桃羞杏讓 燕妒鶯慚 閉月羞花 沉魚落雁	均形容女子貌美。
桴鼓相應	喻彼此相應和，以助長聲勢。

永矢弗諼	對某事發誓永不忘記。諼，音同宣。
泥多佛大	(1)喻德行高操，根基深厚。(2)喻附和者眾，則成就愈大。
河魚之疾	又作河魚腹疾。魚兒腐爛先從腹部開始。喻腹瀉。
桃李不言，下自成蹊	春天時桃李花開，不須言語，人們爭看，地面自然踩出一條路來。喻人若有誠信，不須自誇，他人自然會信任擁戴。
治絲益棼	喻做事不得要領，愈做愈糟。棼，音同焚，紛亂。
流金鑠石	喻天氣太熱，金石都溶化了。鑠，音同碩。
涉筆成趣	喻人有寫作才華，下筆所至，充滿情趣。
涓埃之功	像細流和塵埃般的功勞，喻功勞很小。
止謗莫如自修	要使別人停止誹謗，最好的方法就是自己修身養性。
浸潤之譖	譖，音ㄗㄣˋ，喻讒言謗語危害人就像水滲透東西一樣，慢慢侵入，讓人不易察覺。指在別人前面說第三者的壞話。又作浸潤之言。
不戢自焚	喻用兵者如不加收斂，終將導致玩火自焚的下場。戢，音同及，平息也。
深入肯綮	筋肉和骨頭連結之處叫肯綮，比喻事理的要點。綮，音同慶。又作深中肯綮，簡稱中肯。喻作文、說話能夠切中要領。

涅而不淄	喻處在汙濁的環境中，仍不被汙染。涅（音同鎳）、淄（音同資）都是黑色。
洗垢索瘢	洗清汙垢，找尋瘡痕。喻過分挑剔他人之過失。同吹毛求疵。瘢，音同班。
山木自寇，膏火自煎	山中木材被拿去做為斧柄後，反過來砍伐自己，油膏被拿來點火燒自己。喻有才華反遭禍害。
尺短寸長	尺有所短，寸有所長的縮寫。喻任何人或物，都各有所長和所短，端視其所處情況而定。
射石飲羽	把箭射入石中。喻功夫精深，或用心至誠，即能產生不可思議之力量。
室邇人遠	比喻思念甚深，卻不能相見。引申為懷念親友，或悼念亡者。
宴安酖毒	喻貪圖安逸生活，不求上進，將招來如酖毒般嚴重的禍害。酖，音同鎮，同鴆。
尋行數墨	喻拘泥文字卻不明義理。行，音同航。
屋上建瓴	從屋頂上向下倒水，喻居高臨下，形勢有利。瓴，音同零，盛水的瓦器。
履舄交錯	喻賓客如雲，同戶限為穿，門庭若市。舄，音同係，鞋下止滑木墊。
黔突暖席	黑色的煙囪、溫暖的坐席，都要時間長久累積才有，喻人忙碌得連吃飯休息的時間都沒有。
被褐懷玉	原指大道不行而隱居山林。喻有賢德之人能安分自守。褐，音同合，粗布衣。

蝮蛇螫手	被毒蛇、毒蟲咬傷，立刻斬斷手臂，以免毒發全身而亡。喻做事果斷。蝮，音同負，毒蛇。螫，音同遮，毒蟲用牙或尾針傷人。
瓦釜雷鳴	喻庸碌之人得志後叫囂無度的模樣。喻拙劣的人才、文章、藝術作品等反而風行於世。
深則厲，淺則揭	喻見機行事之意。又作深厲淺揭。
洪喬之誤	喻幫人傳遞消息或信件有所失誤、遺漏。又作付諸洪喬、洪喬之失。
比屋而封	每家都有賢人，可以一一加以封賞。形容賢人眾多，或指教化成就極高。
束馬懸車	將馬腳包裹起來，把車子栓牢，以防跌倒。喻路途坎坷險阻。
悖入悖出	喻財務如有不正當的收入，就會有不正當的支出。引申為做出背理的行為，自然有背理的報應。
斷鶴續鳧	截斷鶴腳接續在野鴨的腳上，比喻做事違反常理。鳧，音同福，野鴨。
龜玉毀櫝	龜甲美玉都毀棄於櫃櫝中。喻主事者不能推卸責任。同虎兕出柙。
大匠不斲	喻在上位者不該去管閒雜小事。斲，音同濁，砍也。
大隱隱於市	喻只要存心歸隱，即使身處名利爭逐之地，心裡也不會受到絲毫干擾。

8-2 經典佳句輯要

桃花源記　陶潛

芳草鮮美，落英繽紛。

阡陌交通，雞犬相聞。

黃髮垂髫，怡然自樂。

乃不知有漢，無論魏、晉！

出師表　諸葛亮

妄自菲薄，引喻失義。

親賢臣，遠小人，此先漢所以興隆也；親小人，遠賢臣，此後漢所以傾頹也。

諮諏善道，察納雅言。

黃州快哉亭記　蘇轍

濤瀾洶湧，風雲開闔。

夫風無雄雌之異，而人有遇不遇之變。

蓬戶甕牖，無所不快。

諫逐客書　李斯

泰山不讓土壤，故能成其大；河海不擇細流，故能就其深！

此所謂藉寇兵而齎盜糧者也。

古詩選　佚名

胡馬依北風，越鳥巢南枝。

飲酒　其五　陶潛

結廬在人境，而無車馬喧。問君何能爾，心遠地自偏。採菊東籬下，悠然見南山；山氣日夕佳，飛鳥相與還。此中有真意，欲辨已忘言。

陳情表　李密

外無期功強近之親，內無應門五尺之童，煢煢孑立，形影相弔。

楚辭選　屈原

舉世皆濁我獨清，眾人皆醉我獨醒。

聖人不凝滯於物，而能與世推移。

樂府詩選　佚名

枯桑知天風，海水知天寒。

醉翁亭記　歐陽修

醉翁之意不在酒，在乎山水之間也。

日出而林霏開，雲歸而巖穴暝。

野芳發而幽香，佳木秀而繁陰。

風霜高潔，水落而石出。

〈正氣歌〉并序　文天祥

時窮節乃見，一一垂丹青。

牛驥同一皂，雞棲鳳凰食。

哲人日已遠，典型在夙昔，風簷展書讀，古道照顏色。

過秦論　賈誼

躡足行伍之間，倔起阡陌之中。

斬木為兵，揭竿為旗。

度長絜大，比權量力。

〈琵琶行〉并序　白居易

千呼萬喚始出來，猶抱琵琶半遮面。

間關鶯語花底滑，幽咽泉流水下灘。

同是天涯淪落人，相逢何必曾相識。

唐詩選　李白、王勃、杜甫

吳宮花草埋幽徑，晉代衣冠成古丘。

海內存知己，天涯若比鄰。

星垂平野闊，月湧大江流。

春夜宴桃李園序　李白

陽春召我以煙景，大塊假我以文章。

開瓊筵以坐花，飛羽觴而醉月。

指喻　方孝孺

天下之事，常發於至微，而終為大患。

三折肱而成良醫。

留侯論　蘇軾

項籍唯不能忍，是以百戰百勝，而輕用其鋒。

臺灣通史序　連橫

偏促一隅，無關全局。

以管窺天，以蠡測海。

篳路藍縷，以啟山林。

斷簡殘編，蒐羅匪易。

郭公夏五，疑信相參。

老成凋謝，莫可諮詢。

巷議街譚，事多不實。

欲取金匱石室之書，以成風雨名山之業。

兢兢業業，莫敢自遑。

典論論文　曹丕

家有敝帚，享之千金。

常人貴遠賤近，向聲背實。

文章，經國之大業，不朽之盛事。

縱囚論　歐陽修

信義行於君子，而刑戮施於小人。

是以堯、舜三王之治，必本於人情，不立異以為高，不逆情以干譽。

師說　韓愈

古之學者必有師。師者，所以傳道、授業、解惑也。

道之所存，師之所存。

句讀之不知，惑之不解，或師焉，或不焉，小學而大遺，吾未見其明也。

位卑則足羞，官盛則近諛。

聖人無常師。

三人行，則必有我師。

聞道有先後，術業有專攻。

廉恥　顧炎武

禮、義、廉、恥，國之四維；四維不張，國乃滅亡。

士大夫之無恥，是謂國恥。

松柏後凋於歲寒，雞鳴不已於風雨，彼眾昏之日，固未嘗無獨醒之人也。

岳陽樓記　范仲淹

銜遠山，吞長江，浩浩湯湯，濆無際涯；朝暉夕陰，氣象萬千。

霪雨霏霏，連月不開；陰風怒號，濁浪排空；日星隱耀，山岳潛形。

去國懷鄉，憂讒畏譏。

春和景明，波瀾不驚，上下天光，一碧萬頃。

沙鷗翔集，錦鱗游泳；岸芷汀蘭，郁郁青青。

長煙一空，皓月千里，浮光躍金，靜影沉璧。

心曠神怡，寵辱偕忘。

不以物喜，不以己悲。

居廟堂之高，則憂其民；處江湖之遠，則憂其君。

先天下之憂而憂，後天下之樂而樂。

遊褒禪山記　王安石

夫夷以近，則遊者眾；險以遠，則至者少。

勸學　荀子

不登高山，不知天之高也；不臨深谿，不知地之厚也；不聞先王之遺言，不知學問之大也。
吾嘗終日而思矣，不如須臾之所學也。吾嘗跂而望矣，不如登高之博見也。
蓬生麻中，不扶而直；白沙在涅，與之俱黑。
故君子居必擇鄉，遊必就士，所以防邪僻而近中正也。
肉腐出蟲，魚枯生蠹。怠慢忘身，禍災乃作。
強自取柱，柔自取束。邪穢在身，怨之所構。
故言有招禍也，行有招辱也，君子慎其所立乎！
故不積蹞步，無以至千里；不積小流，無以成江海。
騏驥一躍，不能十步；駑馬十駕，功在不舍。
鍥而舍之，朽木不折；鍥而不舍，金石可鏤。
無冥冥之志者，無昭昭之明；無惛惛之事者，無赫赫之功。
目不能兩視而明，耳不能兩聽而聰。
昔者瓠巴鼓瑟，而沉魚出聽；伯牙鼓琴，而六馬仰秣。
聲無小而不聞，行無隱而不形。
玉在山而草木潤，淵生珠而崖不枯。

為善不積邪，安有不聞者乎！

真積力久則入，學至乎沒而後止也。

與陳伯之書　丘遲

棄燕雀之小志，慕鴻鵠以高翔。

夫迷途知反，往哲是與；不遠而復，先典攸高。

屈法申恩，吞舟是漏。

魚游於沸鼎之中，燕巢於飛幕之上。

暮春三月，江南草長，雜花生樹，群鶯亂飛。

上樞密韓太尉書　蘇轍

文者氣之所形；然文不可以學而能，氣可以養而致。

人之學也，不志其大，雖多而何為？

諫太宗十思疏　魏徵

求木之長者，必固其根本；欲流之遠者，必浚其泉源；思國之安者，必積其德義。

伐根以求木茂，塞源而欲流長者。

怨不在大，可畏惟人，載舟覆舟，所宜深慎。

文武爭馳，君臣無事，可以盡豫遊之樂，可以養松喬之壽，鳴琴垂拱，不言而化。何必勞神苦思，代下司職，役聰明之耳目，虧無為之大道哉？

教戰守策　蘇軾

夫當今生民之患，果安在哉？在於知安而不知危，能逸而不能勞。

使其耳目習於鐘鼓旌旗之間而不亂，使其心志安於斬刈殺伐之際而不懾。其剛心勇氣，銷耗鈍眊。

輕霜露而狎風雨，是故寒暑不能為之毒。

善養身者，使之逸而能勞。

訓儉示康　司馬光

會數而禮勤，物薄而情厚。

顧人之常情，由儉入奢易，由奢入儉難。

夫儉則寡欲，君子寡欲，則不役於物，可以直道而行。

馮諼客孟嘗君　戰國策

孟嘗君為相數十年，無纖介之禍者，馮諼之計也。

宋詩選　蘇軾、朱熹

人生到處知何似？應似飛鴻踏雪泥。泥上偶然留指爪，鴻飛那復計東西！

問渠那得清如許？為有源頭活水來。

詞選　蘇軾

亂石崩雲，驚濤裂岸，捲起千堆雪。

散曲選　白樸

雖無刎頸交，卻有忘機友。

傲殺人間萬戶侯，不識字煙波釣叟。

赤壁賦　蘇軾

白露橫江，水光接天。

飄飄乎如遺世獨立，羽化而登仙。

舞幽壑之潛蛟，泣孤舟之嫠婦。

舳艫千里，旌旗蔽空，釃酒臨江，橫槊賦詩。侶魚蝦而友麋鹿。

寄蜉蝣於天地，渺滄海之一粟。

挾飛仙以遨遊，抱明月而長終。

客亦知夫水與月乎？逝者如斯，而未嘗往也；盈虛者如彼，而卒莫消長也。

惟江上之清風，與山間之明月，耳得之而為聲，目遇之而成色。

論語選

子曰：「君子固窮，小人窮斯濫矣！」

子曰：「不義而富且貴，於我如浮雲。」

子釣而不綱，弋不射宿。

子曰：「知之者不如好之者；好之者不如樂之者。」

子曰：「巧言，令色，鮮矣仁。」子曰：「當仁，不讓於師。」

曾子曰：「慎終追遠，民德歸厚矣！」

子曰：「見賢思齊焉；見不賢而內自省也。」

子曰：「古者言之不出，恥躬之不逮也。」

子曰：「放於利而行，多怨。」

子曰：「不患人之不己知，患不知人也。」

曾子曰：「士不可以不弘毅，任重而道遠。」

子曰：「君子坦蕩蕩；小人長戚戚。」

子曰：「君子泰而不驕；小人驕而不泰。」

子曰：「君子周而不比；小人比而不周。」

子曰：「君子和而不同；小人同而不和。」

子曰：「君子不器。」

子曰：「質勝文則野，文勝質則史；文質彬彬，然後君子。」

子曰：「道之以政，齊之以刑，民免而無恥；道之以德，齊之以禮，有恥且格。」

子曰：「不患無位，患所以立；不患莫己知，求為可知也。」

子曰：「視其所以，觀其所由，察其所安，人焉廋哉？人焉廋哉？」

子曰：「今之孝者，是謂能養，至於犬馬，皆能有養；不敬，何以別乎？」

子曰：「吾十有五而志於學；三十而立；四十而不惑；五十而知天命；六十而耳順；七十而從心所欲，不踰矩。」

顏淵曰：「仰之彌高，鑽之彌堅，瞻之在前，忽焉在後；夫子循循然善誘人：博我以文，約我以禮，欲罷不能。」

孔子曰：「君子之德，風；小人之德，草；草上之風，必偃。」

孟子選

養生喪死無憾，王道之始也。

孟子曰：「行有不得者，皆反求諸己。」

孟子曰：「夫人必自侮，然後人侮之。」

書經：「天作孽，猶可違；自作孽，不可活」

孟子曰：「大人者，不失赤子之心者也。」

入則無法家拂士，出則無敵國外患者，國恆亡。

孟子曰：「學問之道無他，求其放心而已矣。」

孟子曰：「養心莫善於寡欲。」

孟子曰：「民為貴，社稷次之，君為輕。」

孟子曰：「富貴不能淫，貧賤不能移，威武不能屈；此之謂大丈夫。」

孟子曰：「有為者，辟若掘井；掘井九軔而不及泉，猶為棄井也。」

孟子曰：「孔子登東山而小魯，登泰山而小天下。故觀於海者難為水，遊於聖人之門者難為言。」

故天將降大任於是人也，必先苦其心志，勞其筋骨，餓其體膚，空乏其身，行拂亂其所為；所以動心忍性，增益其所不能。

不違農時，穀不可勝食也；數罟不入洿池，魚鱉不可勝食也；斧斤以時入山林，材木不可勝用也。

學庸選

物有本末，事有終始，知所先後，則近道矣。

凡事豫則立，不豫則廢。

人一能之，己百之；人十能之，己千之。果能此道矣，雖愚必明，雖柔必強。

其他

千人之諾諾，不如一士之諤諤。（《史記．商君列傳》）

一字之褒，寵踰華褒之贈；一字之貶，嚴於斧鉞之威。（《春秋．穀梁傳序》）

千軍易得，一將難求。（〈元曲．單鞭奪槊〉）

江河之水，非一水之源也；千鎰之裘，非一狐之白也。（《墨子．親士篇》）

士為知己者死，女為悅己者容。（《史記．刺客列傳》）

大德不踰閒，小德出入可也。（《論語》）

孝子不諛其親，忠臣不諂其君。（《莊子．天地篇》）

海不辭水，故能成其大；山不辭土，故能成其高；明主不厭人，故能成其眾。（《管子》）

8-3 中外格言彙總

中國格言／治學

器不飾則無以為美觀，人不學則無以有懿德。（中論／治學）

讀書百遍，其義自見。（三國志／裴松之注）

文章千古事，得失寸心知。（杜甫／偶題）

讀書破萬卷，下筆如有神。（杜甫／奉贈韋左丞丈二十二韻）

筆落驚風雨，詩成泣鬼神。（杜甫／寄李白二十二韻）

人之才，成於專而毀於雜。（王安石／上皇帝萬言書）

共君一夜話，勝讀十年書。（程頤／伊川先生語）

學貴心悟，守舊無功。（張載／經學理窟義理篇）

腹有詩書氣自華。（蘇軾／和董傳留別）

退筆如山未足珍，讀書萬卷始通神。（蘇軾／柳代二外甥求筆跡）

舊書不厭百回讀，熟讀深思子自知。（蘇軾／送安惇秀才失解西川歸）

進學不誠則學雜，處事不誠則事敗。（程顥、程頤／二程集論學篇）

學不博者不能專約，志不篤者不能力行。（楊時／江南程氏粹言論學篇）

至論本求編簡上，忠言乃在里閭間。（陸游／送子龍赴吉州掾）

為學之道，莫先於窮理；窮理之要，必在於讀書。（朱熹／性理精義）

多能者鮮精，多慮者鮮決。（劉基／郁離子．一志）

一語不能踐，萬卷徒空虛。（林鴻／飲酒）

為學大病在好名。（王守仁／傳習錄）

善學者窮於一物，不善學者窮於物物。（莊元臣／叔苴子內篇）

惟無不師者，乃復能為天下師。（莊元臣／叔苴子內篇）

入山問樵，入水問漁。（莊元臣／叔苴子內篇）

常玉不琢，不成文章；君子不學，不成其德。（班固／漢書．董仲舒傳）

才飽身自貴，巷荒門豈貧。（孟郊／題書丞總吳王故城下幽居）

靡不有初，鮮克有終。（詩經／大雅）

喻人們做事經常是有始無終。

記問之學，不足以為人師。（禮記／學記）

片斷記憶之學，無法自成體系，故不足為師。

大道以多歧亡羊，學者以多方喪生。（列子／說符）

道路多岐使羊丟失，學者只求博而不專，結果是白白耗費了生命。

獨學而無友，孤陋而寡聞（說苑／建本）

人皆知以食愈飢，莫知以學愈愚。（說苑／建本）

知道以食物醫治飢餓，卻不知以學習醫治愚昧。

思心一至，不聞雷霆。（劉劭／人物志）

專心思考問題時，連雷聲都聽不到了。

尺波易謝，寸晷難留。（王勃／上劉右相書）

流水易逝，光陰難留。

書多筆漸重，睡少枕長新。（姚合／別賈島）

書看得愈多，所寫文章就愈有分量。

內無其質而外學其文，雖有賢師良友，若畫脂鏤冰，費日損功。（桓寬／鹽鐵論）

缺乏良好本質但求外表之學，縱有良師益友，有如在油脂上作畫，在冰上雕刻一般，終是徒勞無功。

風入寒松聲自古，水歸滄海意皆深。（劉威／歐陽示新詩因貽四韻）

天下事有難易乎？為之，則難者亦易矣；不為，則易者亦難矣！（彭端叔／為學一首示子姪）

讀書無疑者，須教有疑；有疑者卻要無疑，到這裡方是長進。（朱熹／學規類編）

沒有疑問者要教他提出問題，有疑問者要教到他完全領會而沒有疑問。

不可怙者天，不可畫者人。（楊萬里／庸言）

天資是不可依恃的，人的後天努力也是不可限量的。

束書不觀，遊談無根。（陸九淵／語錄上）

不讀書則言談無據。

中國格言／修身

善不積不足以成名，惡不積不足以滅身。（周易／繫辭下）

樹德莫如滋，去疾莫如盡。（左傳／襄公元年）

君子必慎其獨也。（禮記／大學）

君子無入而不自得焉。（禮記／中庸）

不作無補之功，不為無益之事。（管子／禁藏）

巧詐不如拙誠。（韓非子／說林上）

道高益安，勢高益危。（司馬遷／史記日者列傳）

鉛錫之刀，仍有一割之用。（馬融／上疏乞自效）

人咸知飾其面，而莫修其心。（蔡邕／女誡）

救寒莫如重裘，止謗莫如自修。（三國志魏／王昶傳）

君子揚人之義，小人評人之惡。（貞觀政要／公平）

鏡破不改光，蘭死不改秀。（孟郊／贈別崔純亮）

君子惡名之溢於實。（王安石／送陳升之序）

惟以改過為能，不以無過為貴。（司馬光／資治通鑑唐紀）

內無妄思，外無妄動。（朱熹／朱子語類曉）

蘭生蕭艾中，未嘗損芳馨。（倪瓚／述懷）

但改吾過，毋議人非。（陳確／不亂說）

知過之謂智，改過之謂勇。（陳確／別集）

善學者志在乎聖人，而行無忽於卑近。（黃宗義／宋元學案）

不忮不求，何用不臧？（詩經／邶風雄雉）

不嫉妒、不貪求，有什麼不好呢？

人而無禮，胡不遄死。（詩經／鄘風相鼠）

無施之人不如速死。

白圭之玷，尚可磨也；斯言之玷，不可為也。（詩經／大雅）

有斑點的玉還可琢磨，說錯話則難於收拾。

好言自口，莠言自口。（詩經／小雅正月）

好話、壞話都是出自口中，故開口前務須三思。

聖達節，次守節，下失節。（左傳／成公十五）

聖人通曉節操之意，其次是守節，最下等的人則失節。

過而不悛，亡之本也。（左傳／襄公七年）

犯錯而不知悔改，是滅亡的根源。

君子約言，小人先言。（禮記／坊記）

君子少說多做，小人光說不練。

用志不分，乃凝於神。（莊子／達生）

專心一志，就能達到神妙之境界。

大智不形，大器晚成。（呂氏春秋／學成）

大智慧者不露鋒芒，擔大任者成就較遲。

從善如登，從惡如崩。（國語／周語下）

趨從善行有如登山般困難，順從惡行則如山崩一般一發不可收拾。

賤不害智，貧不妨行。（桓寬／鹽鐵論）

出身貧賤之人不見得沒有智慧和德行。

庸人安其故，愚者果所聞。（桓寬／導道）

平庸之人善守成規，愚昧之人相信所見所聞。

中國格言／抱負

功崇惟志，業廣惟勤。（尚書／周官）

士不可以不弘毅，任重而道遠。（論語／泰伯）

塗之人可以為禹。（荀子／性惡）

為者常成，行者常至。（晏子春秋／雜下）

君子使物，不為物使。（管子／內業）

疑行無成，疑事無功。（商君書／更法）

行動處事猶豫不決就不會成功。

志之難也，不在勝人，在自勝。（韓非子／喻志）

草木秋死，松柏獨在。（劉向／說苑．說叢）

蘇武入匈奴，終不左衽。（王充／論衡譴告）

志士惜日短，愁人知夜長。（傅玄／雜詩三首）

蛟龍無定窟，黃鵠摩蒼天。（杜甫／題寄江外草堂）

莫道桑榆晚，微霞尚滿天。（劉禹錫／始聞秋風）

成事在理不在勢，服人以誠不以言。（蘇軾／擬進士對御試策）

仁者之勇，雷霆不移。（蘇軾／祭堂兄子正文）

大勇若怯，大智若愚。（蘇軾／賀歐陽修師致仕啟）

心如老驥常千里。（陸游／赴成都）

水不激不躍，人不激不奮。（馮夢龍／古今小說）

富貴一時，名節千古。（張廷玉等／明史趙光忭傳）

落紅本非無情物，化作春泥更護花。（龔自珍／己亥雜詩）

亦余心之所善兮，雖九死其猶未悔。（屈原／離騷）

只要是我心所喜歡的，為此九死仍不後悔。

蘭生幽谷，不為莫服而不芳；君子行義，不為莫知而止休。（劉安／淮南子）

義士不欺心，廉士不妄取。（劉向／說苑／談叢）

人之性也善惡混，修其善則為善人，修其惡則為惡人。（揚雄／法言修身）

偷安者後危，慮近者憂邇。（桓寬／鹽鐵論）

苟且偷安者危險將隨之而來，眼光短淺者憂患也將隨之而來。

人無善志，雖勇必傷。（劉安／淮南子主術訓）

如無良善的志向，雖勇猛以赴，必會受到挫折。
不惰者，眾善之師也。（葛洪／抱朴子．博喻譬）
不懶惰是所有美德中的標竿。
長風破浪會有時，直掛雲帆濟滄海。（李白／行路難）
待乘風破浪時機一到，即揚起風帆直達大海。

中國格言／治國

財聚則民散，財散則民聚。（禮記／大學）
臨下以簡，御眾以寬，罰弗及嗣。（尚書／大禹謨）
苟利社稷，死生以之。（左傳／昭公）
聖人無常心，以百姓心為心。（老子／道德經）
民不畏死，奈何以死懼之？（老子／道德經）
善為吏者樹德，不善為吏者樹怨。（劉向／說苑．至公）
兆民未安，思所泰之。（王禹偁／待漏院記）
世治則以義衛身，世亂則以身衛義。（劉安／淮南子繆稱訓）
與國人交，止於信。（禮記／大學）

君以民存，亦以民亡。（禮記／緇衣）

人主不公，人臣不忠。（荀子／王霸）

以正治國，以奇用兵，以無事取天下。（老子／道德經）

興天下之利，除天下之害。（墨子／兼愛下）

賞隨功，罰隨罪。（商鞅／商君書）

聖人治吏不治民。（韓非子／外儲說右下）

善張網者引其綱。（韓非子／外儲說右下）

賞不加於無功，罰不加於無罪。（韓非子／難一）

國將興，聽於民，將亡，聽於神。（左傳／莊公）

眾之所助，雖弱必強；眾之所去，雖大必亡。（文子／上義）

不覽古今，論事不實。（王充／論衡別通）

勾踐棲山中，國人能致死。（顧炎武／秋山）

人君貴明不貴察。（張廷玉／明史蔡時鼎傳）

舉大事者不計小怨。（司馬光／資治通鑑漢記）

吏多民煩，俗以之弊。（三國志／步騭傳）

官多則擾民，社會風氣也隨之敗壞。

不以天下之病而利一人。（史記／五帝本記）

不應讓天下人受害而只一人得利。

政貴有恆，辭尚體要。（尚書／畢命）

國家政策貴在恆久而穩定，言辭貴在內容精要。

長君之惡，其罪小；逢君之惡，其罪大。（孟子／告子下）

助長君主的過錯還算小罪，逢迎君主的過錯罪就大了。

世質則官少，世文則吏多。（傅玄／傅子）

政府重視實效，官員編制就會少，政府如果重視形式，就會產生許多疊床架屋的官職。

不以天下易一民之命。（王通／文中子中說．天地）

不可因爭天下而忽視一個小百姓的性命。

士不忘身不為忠，言不逆耳不為諫。（歐陽修／論杜衍范仲淹等罷政事狀）

以令率人，不若身先。（歐陽修／陳公神道碑銘）

用命令來領導人，不如以身作則，身先士卒。

民生厚而德正。（左傳／成公）

民生富足，德行自然端正。

古之為政，愛人為大。（禮記／襄公）

愛人者愛護人民也。

明者因時而變，知者隨世而制。（桓寬／鹽鐵論）

聰明者因時代不同而改變策略，智者依隨當世需要而制訂政策。

臨官莫如平，臨財莫如廉。（劉向／說苑政理）

平：公平。

有功而不賞則賞不勸矣，有過而不誅則惡不懼矣。（劉向／說苑政理）

勸：鼓勵。

川不可防，言不可弭。（韓愈／子產不毀鄉校頌）

河川不可加以堵塞，言論不可加以禁制。

國正天心順，官清民自安。（馮夢龍／警世通言）

國政公正天下人心順從，官員清白百姓自然安定。

天下有道，則行有枝葉，天下無道，則辭有枝葉。（禮記／表記）

政治清明，人民善良的德行將如枝葉般茂盛，政治汙濁，社會上虛浮華美的言詞也將如枝葉般充斥。

禁奸之法，太上禁其心，其次禁其言，其次禁其事。（韓非子／說疑）

禁絕奸邪之法：上等是禁其思想，中等是禁其言論，下等是禁絕其行為。

治川者決之使導，治民者宣之使言。（呂氏春秋／達鬱）

治河水，應挖除阻礙引導水流；治理人民應引導大家說出心中實話。

凡官者，以治為任，以亂為罪。（呂氏春秋／任數）

為官者，以治世為責任，以亂世為罪過。

都蔗雖甘，杖之必折；巧言雖美，用之必滅。（曹植／矯志詩）

都蔗：粗大的甘蔗。杖：用作枴杖。

中國格言／哲理

物有本末，事有終始，知所先後，則近道矣。（禮記／大學）

駟不及舌。話說出口，駟馬也難追。（論語／顏淵）

鳥獸不厭高，魚鱉不厭滌。（莊子／庚桑楚）

不以規矩，不能成方圓；不以六律，不能正五音。（孟子／離婁上）

天行有常，不為堯存，不為桀亡。（荀子／天論）

聖人千慮，必有一失，愚人千慮，必有一得。（晏子春秋／雜下）

愚者暗於成事，知者見於未萌。（商君書／更法）

萬物必有盛衰，萬事必有弛張。（韓非子／解老）

見微以知萌，見端以知來。（韓非子／說林上）

勝非其難者也，持之其難者也。（呂氏春秋／慎大）

吞舟之魚，陸處則不勝螻蟻。（呂氏春秋／慎熱）

日中則移，月滿則虧，物盛則衰。（戰國策／秦策三）

築城者先厚其基而後求其高。（桓寬／鹽鐵論）

善泳者溺，善騎者墜。（淮南子／厚道訓）

根淺則末短，本傷則枝枯。（淮南子／繆稱訓）

短綆不可汲深井。（說苑／政理）

泰山不辭壤石，江海不逆細流，所以成其大也。（說苑／尊賢）

良玉不雕，美言不文。（揚雄／法言．寡見）

當斷不斷，反受其亂。（史記／齊悼惠王世家）

浴不必江海，要之去垢；馬不必騏驥，要之善走。（史記／外戚世家）

百星之明，不如一月之光；十牖之開，不如一戶之明。（淮南子／說林訓）

見虎一文，不知其武；見驥一毛，不知善走。（淮南子／說林訓）

奔驥不能及既往之失，千金不能救斯言之玷。（葛洪／抱朴子．極言）

塵習之積，沉舟折軸。（抱朴子／嘉遁）

寸火能焚雲夢，蟻穴能決大堤。（抱朴子／備闕）

反水不收，後悔何及。（范曄／後漢書·光武帝紀）

揚湯止沸，莫若去薪。（後漢書／董卓傳）

行到水窮處，坐看雲起時。（王維／終南別業）

人事有代謝，往來成古今。（孟浩然／與諸子登峴山）

草木本無意，榮枯自有時。（孟浩然／江上寄山陰崔少府國輔）

天不言而四時行，地不語而百物生。（李白／上安州裴長史書）

會當凌絕頂，一覽眾山小。（杜甫／望岳）

羊羹雖美，眾口難調。（鄧玉賓／粉蝶兒·普天樂）

一灣死水全無浪，也有春風擺動時。（戴善夫／陶學士醉寫風光好雜劇）

一晝一夜，華開者謝，一春一秋，物故者新。（劉基／司馬季主論卜）

一冬一春，靡屈不伸，一起一伏，無往不復。（劉基／司馬季主論卜）

逆則生，順則夭：處逆境反而知求生，處順境反而會夭折。（魏源／默觚治篇一）

大器晚成，大音希聲，大眾無形，道隱無名。（老子／道德經）

喻聖人往往是年老才有成就，平日少發議論，行跡隱匿，所修持的至道也隱微不名。

原清則流清，原濁則流濁。（荀子／君道）

雖有智慧，不如乘勢；雖有鎡基，不如待時。（孟子／公孫丑上）

雖有智慧仍須因勢利導，雖有鋤頭也要等待農時。

至樂無樂，至譽無譽。（莊子／至樂）

最大的快樂緣於不貪圖安樂，最高的榮譽來自不追求名譽。

知有所困，神有所不及也。（莊子／外物）

智慧會有困窮不足之時，神明也會有力有不逮之處。

將飛者翼伏，將奮者足跼，將噬者爪縮，將文者且樸。（沈德潛／古詩源古逸）

眾口鑠金，積毀銷骨。（鄒陽／獄中上梁王書）

眾人異口同聲進讒言，連金屬都會熔化，外人毀謗積於一身，連骨頭都會銷蝕。

以隨候之珠，彈千仞之雀，世必笑之。（莊子／讓王）

用寶珠射麻雀，世人當笑之。

知者善謀，不如當時。（管子／霸言）

聰明之人善於謀畫設計，卻不如把握時機乘勢而起，容易成功。

走者之速也，而過二里止；步者之遲也，而百里不止。（劉向／說苑建本）

千倉萬箱，非一耕所得，干天之木，非旬日所長。（葛洪／抱朴子．極言）

千倉萬箱的糧食，不是只靠一季的耕耘就可獲得，參天大木，也不是短短的幾十天就可以長成的。

外國格言/治學

知識就是讓我們借以飛上天堂的翅膀。（英／莎士比亞）

知識使好人變得愈好，使壞人變得愈壞。（英／湯瑪斯・富勒）

一切知識皆以經驗為基礎。（德／康德）

行動是知識最適切的果實。（英／湯瑪斯・富勒）

以世界為唯一的書本，以事實為唯一的教訓。（法／盧梭）

不要企圖無所不知，否則你將一無所知。（古希臘／德莫克利特）

書籍是一位冷靜可靠的朋友。（法／雨果）

作品是作者精神活動的精華。（德／叔本華）

一個家庭中沒有書籍，等於一間房子沒有窗戶。（英／山姆・詹生）

壞書有如毒藥，足以傷害心神。（德／叔本華）

讀書不要貪多，而要多加思考。（法／盧梭）

有懷疑的地方才有真理，真理是懷疑的影子。（英／貝利）

大聲批判，大膽懷疑，我總不會受迷惑。（德／歌德）

深信不疑對於真理是比謊言更危險的敵人。（德／尼采）

知識的力量就在懷疑。（蘇／高爾基）

提出一個問題往往比解決一個問題來得重要。（美／愛因斯坦）

懷疑有如草木之芽，從真理之根萌生。（義／但丁）

懷疑一切與信任一切同樣都是錯誤。（英／喬叟）

有疑問的時候，最好是說實話。（美／馬克吐溫）

思考是理性的勞動，幻想是理性的愉悅。（法／雨果）

你可以把一個人送進大學，但你卻無法使他思考。（美／芬利．彼得．鄧恩）

經驗是一切學問之母。（西班牙／塞凡提斯）

經驗是最好的論證方法。（英／培根）

一切文明都是人類經驗的體現。（印度／泰戈爾）

教育就是獲得運用知識的藝術，而且是一種很難傳授的藝術。（美／羅素）

教育乃是社會生活延續的工具。（美／杜威）

真正的教育不在於口說而在於實行。（法／盧梭）

該教的是思考的方法，而非思考的結果。（德／顧立德）

壞的教師奉送真理，好的教師教人發現真理。（德／第斯多惠）

教育家就是人類心靈的工程師。（蘇／加里寧）

每一本書都在我面前打開了一扇窗，讓我看到一個不可思議的新世界。（蘇／高爾基）

如果一個人對任何事物都一知半解，就等於完全無知。（英／吉斯特菲蘭）

外國格言／修身

節制是一種秩序，一種對於欲望與快樂的控制。（古希臘／柏拉圖）

自制是金光燦爛的馬轡。（英／柏頓）

放縱是感官快樂的禍患，節制不是它的懲罰，而是它的調劑。（法／蒙田）

耐不住眼前的誘惑，便失掉了未來的幸福。（印度／泰戈爾）

倘若你想征服全世界，你就得征服你自己。（俄／杜思托也夫斯基）

最偉大的勝利就是戰勝自己。（蘇／高爾基）

憤怒是拿別人的過錯來懲罰自己。（英／普柏）

憤怒是怯懦的表現。（法／大仲馬）

一個發怒的人，總是疏於自衛的。（英／莎士比亞）

憤怒使別人遭殃，但受害最大的卻是自己。（俄／托爾斯泰）

人生中最重要的行動往往就從盛怒中萌芽、產生。（法／巴爾札克）

貪婪是所有禍事的根源。（古希臘／伊索寓言）

誰不能控制邪欲，誰就把自己攞入畜牲的行列。（義／達文西）

一個人的真正偉大之處就在於他能夠認識到自己的渺小。（俄／約翰．保羅）

被人揭下面具是一種失敗，自己揭下面具則是一種勝利。（法／雨果）

世上雖有鏡子，但是人們卻不知道自己的樣子。（德／叔本華）

要清楚地知道一個人，要先了解他自己。（英／莎士比亞）

忍耐是唯一真正可以使人的夢想變為事實的根本因素。（奧／卡夫卡）

忍耐和時間是我的勇士和英雄。（俄／托爾斯泰）

美德不是裝飾品，而是美好心靈的表現形式。（法／紀德）

美德即是靈魂的健康。（德／尼采）

生命短促，只有美德能讓它傳諸久遠。（英／莎士比亞）

勝利是暫時的，而美德卻可千古流芳。（俄／普希金）

品德是一個人的守護神。（古希臘／希拉克里特）

報復是一種野蠻的司法。人的天性愈是趨向它，法律和文明就愈應將它翦除。（英／培根）

一個人就好像一個分數，他的實際才能好比分子，他對自己的評價好比分母。分母愈大，則分數的值就愈小。（俄／托爾斯泰）

貪婪好比一個套結，把人心越套越緊，最後連理智也給閉塞了。（法／巴爾札克）

憤怒這個武器有奇妙的效用，所有武器都是由人類使用，唯獨這個武器是它在使用我們。（法

／蒙田）

世界上最寬闊的東西是海洋，比海洋更寬闊的是天空，比天空更寬闊的是人的胸懷。（法／雨果）

人一往下坡滑，就不會再走上坡了，也不會站在原地不動。（英／喬治・艾略特）

虔誠不是目的，而是手段，是通過靈魂的最純潔的寧靜而達到最高修養的手段。（德／歌德）

外國格言／抱負、人生、機會

志向是天才的幼苗。（蘇／霍姆林斯基）

聲譽可不是旦夕能重建的城。（英／拜倫）

最可怕的敵人就是沒有堅強的信念。（法／羅曼羅蘭）

信仰是可以創造奇蹟的。（美／馬克吐溫）

獅子絕無狐狸的習性。（法／雨果）

人生不出售來回票。一旦動身，絕不能復返。（法／羅曼羅蘭）

你若要喜歡你自己的價值，你就得給世界創造價值。（德／歌德）

別人為食而生存，我為生存而食。（古希臘／蘇格拉底）

人生真美好，看你戴什麼眼鏡去看。（法／小仲馬）

成功不在於有無天資，而在於有無理想。（日／德田虎雄）

我一生中所有的成功，都歸功於總是提早十五分鐘。（英／納爾遜）

一個人不能騎兩匹馬，騎上這匹，就要丟掉那匹。（德／歌德）

同時追兩隻兔子，終將一無所獲。（俄／杜思托也夫斯基）

最後笑的人全是笑得最燦爛的。（法／狄德羅）

天空的老鷹，不如手裡的麻雀。（西班牙／塞凡提斯）

要成為一個大英雄，條件之一就是不怕做狗熊。（美／艾里奇．西格爾）

僕人眼中無英雄，因為僕人終究是僕人。（德／黑格爾）

機會是一切努力之中最傑出的船長。（古希臘／沙孚克理斯）

機會是上帝不想簽名時使用的匿名。（法／法朗士）

幸運之機好比市場，稍一耽擱，價格就變。（英／培根）

「偶然」不會幫助準備不周的人。（法／巴斯坦）

機會不會上門來找人，只有人去找機會。（英／狄更斯）

沒有一個征服者會相信機會的。（德／尼采）

沒有一個偉人曾經抱怨說：沒有機會。（美／愛默生）

我總設法把每一樁不幸，化為一次機會。（美／約翰．洛克斐勒）

如果良機不來，你就自創良機。（英／史邁爾斯）

別順著路走，朝沒有路的地方去，開出步道來。（美／愛默生）

向後看得越遠，向前就能看得更遠。（英／邱吉爾）

生如夏花之絢麗，死似秋葉之靜美。（印／泰戈爾）

我的榮譽就是我的生命，取去我的榮譽，我的生命也就不再存在。（英／莎士比亞）

外國格言／哲理

有了陰影，光明才更耀眼。（德／海澤）

為了更遠的一躍而後退。（蘇／列寧）

人不能兩次踏進同一條河流。（古希臘／赫拉克利特）

太陽每天都是新的。（古希臘／赫拉克利特）

再粗的柱子也會傾倒。（俄／屠格涅夫）

破損之後必有完美。（美／索爾貝洛）

閃光的並非都是利劍。（德／格里梅爾斯豪森）

人們的災禍常成為他們的學問。（古希臘／伊索寓言）

有福不肯與人共享，有禍也不會有人同當。（古希臘／伊索寓言）

勝利也有它陰暗的一面。（蘇／史達林）

禍害總是在快忘記的時候，突然而至。（日／寺田寅彥）

收割的時候，人們只關心果實。（英／約翰班楊）

烏鴉是孵不出雲雀來的。（英／莎士比亞）

一次小小的失足也許會防止重大的跌落。（英／湯瑪斯·富勒）

從偉大到可笑，相差只有一步。（法／雨果）

當你的歡樂和悲哀變大的時候，世界就變小了。（黎巴嫩／紀伯倫）

兩個人騎一匹馬，總有一個人在後面。（英／莎士比亞）

只要太陽照著它，污物也會閃閃發光。（德／歌德）

閃光的不全是黃金。（英／莎士比亞）

一個面具套不下所有人的臉。（俄／高爾基）

最快的刀被濫用也會失去鋒利。（英／莎士比亞）

追悔的東西，當初往往是甜蜜的。（法／紀德）

在瞎子的國度裡，獨眼龍就是國王。（法／莫泊桑）

當你背向太陽的時候，你只能看到自己的影子。（黎巴嫩／紀伯倫）

最高的樹被風吹得最彎。（義／達文西）

最成熟的果子最先落地。（英／莎士比亞）
最肥沃的土壤上最容易長出莠草。（英／莎士比亞）
痛苦總是守在歡樂旁邊。（法／雨果）
在風暴中才有安祥。（俄／雷蒙托夫）
靜止便是死亡，只有運動才能敲開永生的大門。（印度／泰戈爾）（註：運動泛指人類一切的行動與活動。）
一個人看不見自己的美貌，他的美貌只能反映在別人的眼裡。（英／莎士比亞）
如果你要把什麼都弄個水落石出，就會毀掉你生活中最好的東西。（瑞典／史特林保）
夜晚的黑暗是一只口袋，是一只盛滿了發出黎明金光的口袋。（印度／泰戈爾）

外國格言／言語

沒有行動，思想永遠不能成熟而化為真理。（美／愛默生）
一句名言勝過一本劣書。（法／雷納爾）
自我改善最好的辦法莫過於朋友的告誡。（英／培根）
有時候謊話比真話更能說明一個人。（蘇／高爾基）
勸說常比強迫更為有效。（古希臘／伊索寓言）

忠告如雪，下得越靜，越能深入人心。（瑞士／希爾泰）

對你進諫最好的人選就是你自己。（美／吉布斯）

接受每一個人的批評，但是保留你自己的判斷。（英／莎士比亞）

莫讓你的舌頭搶先於你的思考。（古希臘／斯巴達西隆）

謠言走得越遠力量越大。（英／培根）

最殘酷的謊言往往是無聲地說出的。（英／史蒂文生）

謊言是自己會毒死自己的蠍子。（英／雪萊）

幽默是最好的醫生。（英／彼得）

最幽默的作家使人發出幾乎察覺不到的微笑。（德／尼采）

幽默的祕密源泉並不是歡樂而是哀傷。（美／馬克吐溫）

一場爭論可能是兩個心思之間的捷徑。（黎巴嫩／紀伯倫）

在爭辯中，任何一方都不能從中學到任何東西。（英／赫茲利特）

沉默是弱者的智慧和策略。（英／培根）

思考是我無限的國度，語言是我有翅的工具。（德／席勒）

嚴厲的話像燒紅的鐵，深深地打下烙印。（法／羅曼羅蘭）

難聽的實話勝過動聽的謊言。（蘇／邦達列夫）

做一個惹人厭的人其祕訣就是告訴別人一切。（法／伏爾泰）

息事寧人的謊言勝過搬弄是非的真話。（古波斯／薩迪）

對流言蜚語最好的譴責就是不加理睬。（西班牙／格拉西安）

銅牆鐵壁也阻擋不了流言蜚語。（法／莫里哀）

我們講出來的每個詞，都有它反意的一面。（德／歌德）

書是音符，語言才是歌。（俄／契訶夫）

在一場私人爭吵中，較遲鈍的人總會因其遲鈍而大獲全勝。（英／喬治艾略特）

諸多誓言不一定可以表示真誠，真心的誓言只要一個就夠了。（英／莎士比亞）

青蛙也許會叫得比牛響，但是牠們不能在田裡拉犁，也不會在酒坊裡牽磨，牠們的皮也做不出鞋來。（黎巴嫩／紀伯倫）

國家圖書館出版品預行編目資料

作文考試急診室／徐清景著. -- 初版. -- 臺北市：商周出版：
家庭傳媒城邦分公司發行, 民106.09
面： 公分. --（中文可以更好；40）

ISBN 978-986-477-312-1（平裝）

1.漢語教學 2.作文 3.中等教育

524.313 106014750

作文考試急診室

作　　者／徐清景
企畫選書／陳名珉
責任編輯／陳名珉

版　　權／翁靜如
行銷業務／李衍逸、黃崇華
總 編 輯／楊如玉
總 經 理／彭之琬
發 行 人／何飛鵬
法律顧問／元禾法律事務所　王子文律師
出　　版／商周出版
城邦文化事業股份有限公司
台北市民生東路二段 141 號 9 樓
電話：(02) 25007008　傳真：(02) 25007759
Blog：http://bwp25007008.pixnet.net/blog
E-mail：bwp.service@cite.com.tw
發　　行／英屬蓋曼群島商家庭傳媒股份有限公司城邦分公司
台北市民生東路二段 141 號 2 樓
書虫客服服務專線：(02) 25007718、(02) 25007719
服務時間：週一至週五上午09:30-12:00；下午13:30-17:00
24 小時傳真專線：(02) 25001990、(02) 25001991
劃撥帳號：19863813；戶名：書虫股份有限公司
讀者服務信箱：service@readingclub.com.tw
城邦讀書花園：www.cite.com.tw
香港發行所／城邦（香港）出版集團有限公司
香港灣仔駱克道193號東超商業中心1樓
E-mail：hkcite@biznetvigator.com
電話：(852)25086231　傳真：(852) 25789337
馬新發行所／城邦（馬新）出版集團【Cité (M) Sdn. Bhd.】
41, Jalan Radin Anum, Bandar Baru Sri Petaling,
57000 Kuala Lumpur, Malaysia.
Tel: (603) 90578822　Fax:(603) 90576622
email:cite@cite.com.my

封面設計／黃聖文
排　　版／新鑫電腦排版工作室
印　　刷／韋懋印刷事業有限公司
總 經 銷／聯合發行股份有限公司
電話：(02) 29178022　傳真：(02) 29110053
地址：新北市231新店區寶橋路235巷6弄6號2樓

■ 2017年（民106）9月5日初版
定價300元

Printed in Taiwan
城邦讀書花園
www.cite.com.tw

 ISBN 978-986-477-312-1